父母缺乏的不是爱心而是家教方法　孩子缺乏的不是聪明而是学习方法

如何教育 好独生子女

李永娜 编著

成功家教直通车

独生子女的"毛病"是父母娇惯出来的，
矫正独生子女的"毛病"也只有父母能够做到。

煤炭工业出版社
·北京·

图书在版编目（CIP）数据

如何教育好独生子女 / 李永娜编著． --北京：煤
炭工业出版社，2014（2017.4 重印）

（成功家教直通车）

ISBN 978 - 7 - 5020 - 4480 - 0

Ⅰ.①如… Ⅱ.①李… Ⅲ.①家庭教育 Ⅳ.①G78

中国版本图书馆 CIP 数据核字（2014）第 063189 号

煤炭工业出版社　出版

（北京市朝阳区芍药居 35 号　100029）

网址：www.cciph.com.cn

北京一鑫印务有限公司　印刷

新华书店北京发行所　发行

*

开本 720mm×1000mm$^1/_{16}$　印张 11$^1/_2$

字数 168 千字

2014 年 8 月第 1 版　2017 年 4 月第 2 次印刷

社内编号 7312　定价 22.80 元

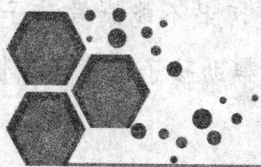

前　言

　　我国实行计划生育这一基本国策以来，独生子女家庭越来越多。据统计，在城市家庭中，独生子女家庭的比例高达95%，大量独生子女的出现不但使传统的家庭结构发生了根本变化，同时也引发了许多社会问题。尤其在当下社会，独生子女的教育问题备受关注。作为父母，我们必须知道：独生子女的教育最佳时期在早期，因而帮助孩子树立优秀品质和正确价值观的重点也应在早期。

　　在养尊处优中长大的独生子女，一般被称为"小皇帝""小公主"，而父母充当的则是"家庭保姆"的角色。这一成长背景对他们有什么影响？当这些独生子女们按照这样的方式成长起来后，对于中国社会意味着什么？现有数据显示，与实施计划生育政策之前的一代相比，独生子女们竞争力与信任感均显不足，他们习惯于消极处事，责任意识淡薄，并且更加谨小慎微。在这样的社会事实面前，帮助独生子女形成良好的生活习惯与学习习惯成为每个父母义不容辞的责任与义务。

　　父母是孩子的第一任导师，家庭是孩子的第一所学校，家庭的熏陶对孩子的影响之大有目共睹。仅仅依靠枯燥乏味的说教不仅不能让孩子认识到错误并及时改正错误，还有可能引起他们的逆反心理从而造成更大的错误。这就需要父母掌握一些教育技巧，身教重于言教，要随时随地做好孩子的榜样。在家庭教育中，父母是孩子生活的掌帆者，每位父母都希望孩子健康快乐地成长，但是切记不能溺爱孩子，要适时适当的"放手"，给孩子一定的自由空间，帮助孩子培养自觉性和独立性。

知识就是力量，知识改变命运。这是许多父母都恪守的信条。但是我们必须知道，拥有健全的人格、良好的习惯、正确的学习方法才是获得知识的前提条件。在学校教育之外，父母应当扮演好家庭好老师的角色，帮助培养孩子的自信心、爱心，让孩子学会诚实守信，认识到挫折在生活中的重要意义，时常保持乐观的心态。利用好课外时间和假期的休闲时光，让孩子充分领略大自然的魅力，培养积极阅读和深度阅读的兴趣，养成喜爱运动的好习惯。

最美的是和孩子一起成长的时光。这些时光里，有欢笑也有泪水，有甜蜜也有苦涩，有成长也有缺憾，有进步也有落后，不管生活以哪一种姿态出现，相信每一位父母都能和孩子们一起潇洒地走过！

★ 目录 ★

第一章
身教重于言传，不做被动的父母

一、教育孩子，首先从教育父母开始

↘ 没有问题孩子，只有问题父母

美国著名心理治疗师维吉尼亚·萨提亚（Virginia Satir）曾说："孩子没有问题。如果孩子有问题，那一定是父母的问题。"马来西亚著名儿童教育专家李政学在一次讲座中也坦言："没有任何成功可以代替教育孩子的失败。"相信这两句话能够引起很多人尤其是家长们的共鸣。

早教专家周宏先生在一次讲座中曾提及这样一件事：

有一位家庭教育专家的前辈入住一家宾馆。宾馆大厅里竖着一个会议的指示牌，上面写着"科学养猪研讨会请上五楼"。老先生大受刺激，不禁老泪纵横："这年头连养猪都要研讨，都要开会，怎么没见过养孩子的也有专门培训呢？难道养孩子还不如养猪吗？！"

老先生的话很有道理。父母是孩子的第一任导师，家庭是孩子的第一所学校。教育好自己的孩子，是每位父母最关心的事，也是最难的事。每位父母都希望自己的孩子能够健康、快乐地成长，却不知有一种职业叫"父母"，为人父母也需要"上岗证"。

◎ 征人启事，寻找一位好母亲

孩子是父母一生中最重要的事业，每位父母都希望把自己的孩子培养成材。

但是，究竟怎样做父母才能给予孩子最优秀的品质细胞呢？对于这个问题，美国儿童教育专家雪莉·卡特史考特（Cherie Carter-Scott）曾戏拟了一则"征人启事"，要寻找一个好母亲。雪莉·卡特史考特根据自己常年的观察，所开列的优秀母亲的清单是这样的：

有耐心，愿意牺牲、奉献自己的身体（如果是领养，则不需要身体）来创造、孕育、滋养、指引、照顾一个新生命。一定要能胜任极端繁重的工作，职责包括关爱、支持、发展自信心，指导、辅导咨询、老师等。需要有做家务事的经历，不限领域，包括清洁、烹饪、洗衣、熨衣服、缝纫、保姆、司机等（或可以安排其他人担任类似工作）。工作前景：与人分享喜悦与失望，庆祝所有的第一次，仪式的传承，在合宜的时机传授智能，在恰当的时刻做训练。应征者必须温柔，坚强，聪明，有趣，热爱教导与学习，能安慰人，有同情心，值得尊重，不畏艰难，最重要的是要很有弹性。完美主义者勿试。

美国儿童教育专家雪莉·卡特史考特所寻找的好母亲集中了所有母亲身上的优点，既要愿意牺牲、奉献，又要克制自己；既要勤劳、胜任，又要温柔体贴，但还不是个完美主义者。相信集这些优点于一身的"母亲"的确难找。

优秀的父母对于孩子教育来说确实非常重要。前苏联教育家苏霍姆林斯基（B.A.Cyxomjnhcknn）说："父母是孩子的第一任老师，父母若放任孩子不管，孩子恶习一旦养成，学校不知要花多少时间和精力来对他进行'再教育'，这对孩子、家庭和学校都是巨大的损失。"对一个家庭来说，父母是树根，孩子是花朵。如果花朵出现了问题，多半是因为树根出现了问题。父母所看到的孩子身上的问题，常常是自己的问题在孩子身上开的"花朵"。

近年来，美国家庭教育纪实剧《保姆911》(Nanny 911)悄然走红。《保姆911》是美国的一档真人秀节目，讲述的是美国资深保姆为那些没有办法管理小孩的家庭提供帮助的故事。2011年下半年，中国中央电视台财经频道和上海卫视外语频道先后引进、播出过部分剧集，虽然没有占据黄金时间和黄金频道，却引起众多家长们的关注和追踪，甚至涌现出大批的"保姆911迷"。目前，《保姆911》的相关视频流传于各大主流媒体和网络，很多中国网友都认可了《保姆911》发出的呼声：孩子是父母问题的"照妖镜"；在所有问题小孩的背后，都有一对或者一个问题家长；孩子"生病"，家长一定要"吃药"。

◎ 爸爸"缺席"和妈妈"无力"

教育孩子绝对不是妈妈单方面的责任，孩子的爸爸在家庭教育中也扮演着不可忽视的角色。爸爸的"缺席"常常会给孩子的家庭教育带来难以想象的后果。下面是《保姆911》中一个"问题家庭"的例子：

里奇和苏西夫妇养育了三个孩子。里奇是公司职员，周一到周五的白天都在外面上班，苏西则在家中负责带三个孩子，偶尔在家教授普拉提赚钱。周六、周日是他们约定的"家庭日"，两人作出保证表示要全天和孩子们待在一起。但是，每当孩子们出现负面情绪、闹脾气甚至开始吵架、动手以致出现混乱场面的时候，苏西忙着一个个地安抚他们，而里奇却总是推着自行车出去兜风，说是要"出去安静一会儿，受不了家里乱糟糟的局面"。

资深保姆根据这一情况，直言不讳地说道："里奇给我这样一种感觉，就是他对自己的热情要远远高于他对自己的家庭、孩子的热情。"在决定改善孩子们的问题之前，保姆表示首先必须解决家长感情不和的问题。

保姆在进行这一调查的时候，首先询问了苏西对里奇这种行为方式的态度和看法。苏西说："我觉得他对自己时间的规划太自私了。真是难以想象，他竟然在约定的'家庭日'里出去兜风。这简直太不可思议了！"里奇也有自己的理由："苏西总是说我一整天都不待在家里，事实上呢，我早在下午一点钟的时候就回家了！"

保姆对此分析说，苏西之所以会产生里奇"一整天都不待在家里"的感觉，只有一种情况，那就是，即使里奇在家，也没有去帮忙照管孩子，和他不在家似乎没有什么区别。因此，保姆建议苏西外出一整天，让里奇和三个孩子在家，体会一下苏西的感受。

在苏西出去的这天中，里奇终于明白一个人独自带三个孩子是何等的吃力！

这天，他努力地按照苏西制定的作息表行事，甚至在和孩子制定"规矩"方面，比苏西做得还好。最终，问题还是出现了。当里奇好不容易哄睡小女儿时，苏西正好回到家，她对孩子们的热情问候和拥抱吵醒了刚刚睡着的孩子们，引起里奇的强烈不满。苏西和里奇为此争吵的时候，三个孩子又开始哭闹起来。

保姆认为，苏西之所以没能在孩子们面前树立自己的威信，反而被牵着鼻子走，是因为在孩子们的心目中，"规矩"的制定和执行者是爸爸而不是妈妈。因为里奇没有给苏西相当的尊重，孩子们也跟着不尊重妈妈。推而广之，一个被丈夫呼来喝去的妈妈，是很难获得孩子尊重的，即使爸爸在家，如果他不出面支持妻子去阻止孩子们的不当行为，妻子很难独自做到这点。反之，如果爸爸平时予以妈妈相当的尊重，即使爸爸不在家，妈妈也可以管好孩子，因为孩子知道妈妈背后有象征着威严的爸爸。

苏西家庭中出现的不尊重妈妈的"问题"孩子，其实还是出现在爸爸的"缺席"问题上。所以不管苏西妈妈如何讨好孩子，孩子们都无动于衷。

目前，类似苏西情况的家庭有很多。有一项调查发现，参加亲子教育培训课程、聆听家长会的多数都是妈妈，爸爸教育责任的"缺位"状态在孩子幼年时普遍存在。其实，在孩子的教育中，爸爸的角色尤其重要，爸爸教育出来的孩子往往更为出色、优秀。鉴于这些情况，许多学校和社区都推出了"爸爸进小学"、"爸爸进社区"的活动以减弱普遍存在的父亲教育"缺席"情况。比如，上海市世界外国语小学就启动了一项名为"阳光爸爸"的系列活动，要求全校一至五年级学生的爸爸都能参与到活动中来。"阳光爸爸"的系列活动根据小学生年龄的层次，划分出"爸爸车里的 CD"、"爸爸的运动鞋"、"爸爸的专业"、"爸爸的书架"、"我和爸爸去旅行"五个栏目，明确规定活动的参与者只能是每位学生的爸爸，其他的家庭成员不能代替。

◎ 制定"家规"，违者"出局"

里奇和苏西就家庭问题达成一致之后，接下来准备制定一系列的"家规"帮助树立家长的威信。保姆设想的"家规"是这样的：①要管住自己的手，在任何情况下都不准打人；②不许说脏话；③家庭成员中的每个人每一天都要做家务。在制定"家规"以前，苏西就时刻注意着较小的两个孩子，要求他们"不准打人"、"不许说脏话"，但总是收不到好的成效。当这项"家规"成文实施后，对两个孩子的行为无疑产生了一定的警示性作用。

《保姆911》中有一个家庭的情况更为严重，可以说是典型的"孩子当家"、大人看孩子脸色的"超民主家庭"。事情是这样的：

这个家庭有两个孩子。霸道的大女儿成为整个家庭的核心，"掌控"并"操纵"着这个家庭的核心命脉，一旦有什么东西不合她的口味，她便会耍性子、发脾气，甚至到处摔东西。妈妈一开始会劝解她，但总是做无用功，而爸爸总是一天到晚泡在书房里，不想管也不愿意管这些家务事。

保姆了解到这一情况后，告诉家长必须拿出"家里的事大人说了算"的威严，制定"家规"，如果任由孩子这样胡闹下去，结果只会是害了孩子。但是，制定"家规"的关键在于贯彻执行。如出现违反"家规"的情况，就要以"出局"作为惩罚措施。

于是，当霸道的大女儿再次蛮不讲理地要求躺着看电视睡觉时，妈妈及时出面制止她，并且把电视从客厅搬走了，还告诉孩子这是为了让她有个好睡眠。不管女儿怎么哭闹，妈妈都没有妥协，并说出了"这个家由我说了算"的话。后来，女儿的霸气渐渐得到了有效的制止，开始懂得照大人的意思做事。

保姆说，"习惯成自然"，要坚持培养孩子的好习惯。这样，好的秩序也会给家庭带来幸福感。

苏西的家庭也是如此。一旦孩子们违反了"家规"，就会以"出局"作为惩罚。比如有一次，苏西要求女儿整理好自己的房间，而女儿坚决不肯，苏西就宣布"出局"，将女儿关在房间里。

其实，制定"家规"和宣布"出局"是有效减少妈妈唠叨的好方法。很多妈妈会不停地对孩子说："快去收拾好你的房间，快去做完功课。如果你没收拾好房间，或者是没有做完功课，那你今天就不能吃饭！"但很多妈妈并没有将自

己的话付诸实施：孩子没有收拾好房间、没有做完功课，依然可以吃饭。久而久之，妈妈的唠叨在孩子的面前就失去了威力。但是，在制定"家规"、宣布"出局"的时候，不能滥用"出局"的惩罚办法。这种"惩罚"一定要在爱心的前提下进行，否则会令孩子产生逆反心理进而加深彼此之间的距离。这时候，可以多用隔离法对违反"家规"的孩子进行惩罚，比如说让孩子面壁思过，或者拉拉耳朵，做做蹲起的动作。在惩罚孩子的时候，还必须让他（她）明白，虽然家长惩罚了他（她），但并不讨厌他（她），还是一样的爱他（她）。

➢ 父母好好学习，孩子天天向上

现代教育家陈鹤琴先生在《怎样做父母》一文中说过："父母，是不容易做的，一般人认为结了婚，生了孩子，就有做父母的资格了，其实不然。我们知道，栽花的人，先要懂得栽花的方法，花才能栽得好；养蜂的人，先要懂得养蜂的方法，蜂才能养得好；育蚕的人，先要懂得育蚕的方法，蚕才能育得好；甚至养牛、养猪、养马、养鸟、养鱼，都得要先懂得专门的方法，才能养得好。"现实生活中，我们经常见到三五个家长聚在一起讨论自己的孩子，说话的内容无非是孩子的学习成绩、坏毛病等。在众多父母的眼里，似乎只要求孩子"好好学习，天天向上"，却从没有人提出父母也要这样要求自己。

◎ 不做被动的父母

每一位父母都望子成龙，盼女成凤，为子女的成长耗尽了心血，倾注了无尽的爱，都非常重视孩子的教育。但我们必须知道，重视教育并不等于懂得教育。特别是在社会加速转型的今天，新生事物的不断涌现并随之被人群所接受，让这个世界变得广阔而陌生，更让初为父母者显得无所适从、不知所措。随着社会竞争的日益激烈化和白炽化，父母们不仅要承受生活的压力，还要拖着疲惫的身躯照顾家人和他们的生活。"没时间"、"没精力"，让父母有了借口忽视孩子的心智问题。正是由于正确家庭教育观念的缺失，近些年来，绝大多数父母只热衷于把孩子送到形形色色的培训机构学习，忽略了自身家庭教育知识的学习和完善，忽略了提高自身的教育素质。事实上，教育孩子是一个系统工程。杨文老师就曾经说过："孩子的成长是转瞬即逝的事，没有超前的眼光，没有科学的方法和观念，就难以承担孩子诞生和成长中衍生出的责任和义务"，"面对成长中的孩子，仅有爱心是不够的，还需要有爱的能力"。

只有先学做父母，才能再做好家长。没有人天生会当父母，更没有捷径当好家长。看书、学习是辅助实践最直接、最科学的办法。我们必须明白，与12345、ABCD、数学、舞蹈、绘画、声乐相比较，孩子性格的培养、习惯的养成比学习成绩更重要。我们必须把善良、乐观、诚实、自信、奉献、责任等良好的品质纳入我们的教育体系中，并且以身教为孩子的成长作出榜样。

父母是孩子人生的航向标。有位名叫皓月当空的网友曾写过一篇美文《父母是孩子最好的医生》，认为"当父母的应该行动起来，孩子是我们自己的，最心疼他们的也是我们自己，所以我们没有理由认为医生会像我们一样来珍视他们的身体，更没有理由把孩子的身体交给他们"，父母们应该学会一些简单的病理知识，为自己的孩子打开一扇门，推开一扇窗。皓月当空在美文中说：

从去年年底到现在，清波的身体都处于很容易感冒咳嗽的状态，3月份还发展成了支气管炎。我们花一个周末，带着孩子去杭州，可能是由于太过疲劳，孩子到了杭州就开始发高烧（一直都没有退烧）！第二天早上，孩子爸爸为了挂个专家号，六点就去排队。然后，到八点多轮到我们了，医生看了那一堆化验单，就说是支气管炎，要么打点滴，要么做雾化，还开了消炎药。不就是这些药吗？十分钟不到就打发我们出来了，想问问她平时怎么护理，都金口难开。那一趟，花了1500多块。孩子病情没有一点好转。然后我在网上搜索，找到一个中医论坛，里面也有很多妈妈讲自己孩子生病的经验，还有中医爱好者在里面，学习到很多。一个网友告诉了我隽德堂主，然后我就去找他，在他博客上留言。这位很热心的老先生就帮我给孩子治疗，前后花了不到50元的药钱，就把儿童医院1500元都治不好的病治好了！从此以后我再也不相信医院了。清波爸爸刚开始不相信

中医，他还是觉得既然有炎症就要吃消炎药，所以那段时间他也到处去打听，什么消炎药有什么效果，他认识的几个西医网友也给他建议，然后买来吃。那段时间清波消炎药吃了不少，而且都是试验性的，吃三天没效果，就再换一种吃！这是消炎药的吃法。事实证明这些消炎药都没有效果。而我开了一副药给清波吃了后，她的咳嗽就明显下去了，喘也没有了。这就是效果。

所以当父母的，心里应该明白，当孩子生病时，自己应该怎么去面对。当然不是不管，而是，我们平时就应该去学习这方面的知识，这也是我们做父母应该学习的。现在网络很发达，很多知识都可以在网络上学习到。而且很多医院的医生不愿意告诉你的东西，在网络上都可以学到。那种平时不管孩子，一遇到孩子生病就赶快送医院的父母，从好的方面上来说，是无知；从另一方面说，是懒惰，是不尽职。

这位网友的日志，向我们展示了目前普遍存在的一个事实，就是家长"功课"的缺失。这一现象尤其值得引起我们的注意。

每位家长都明白，为人父母是天职，一旦任职，便永远不可能辞职。这不仅需要父母有足够的心理准备，更需要父母通过不断学习来陪伴孩子成长。就像"皓月当空"给自己的孩子看病的经历，就是一个家长不断学习、不断进步的典型例子。有这样一位肯为孩子操心、挂念的妈妈，相信她在别的方面也会做得很好，是一位称职的妈妈，合格的妈妈。

↘ 只有改变自己，才能改变孩子

◎ 要改变孩子，先改变自己

心理学大师德莱克斯说："当面对一个行为反常的人，你感到无能为力时，不要再想着他应该如何如何，而是开始思考你能够做什么，希望之门便豁然敞开。你会突然发现以前都没梦想过的力量，而后你可以使用鼓励、逻辑后果、劝说等手段来帮助他改变——仅仅是因为你改变了自己。"当孩子在专心致志地做某一件事情的时候，父母总是乐意加入孩子的圈子，为他所做的行为作出帮助、指点、判断或者批评、纠正。大多数父母都无法做到让孩子独立地完成一件事情，觉得自己似乎应该给予他以某种反馈。遗憾的是，无论我们的反馈是正面的还是负面的，是积极的还是消极的，对于孩子而言，父母提供的这些信息所造成的结果只有一个，那就是打断了孩子正常的思维，让孩子停下来不再专注于自己的所为，变得不再对自己手头的事情感兴趣，而是在琢磨自己什么行为能够引起父母什么样的判断。

比如，客厅里一个孩子在堆积木，如果一旁的妈妈在静静地读报纸，那么这个孩子就会心平气和的玩耍。但是，如果情况像下边的这位妈妈一样，那么这个孩子就会不知所措：

1.孩子，你这样是不对的，应该这样堆。（我们能管住自己的舌头、手和耐心吗？）

2.别一下子拿好几个，刚堆好的都坏掉了。（我们能容忍孩子犯下的错误吗？）

3.虽然堆好了，但是一点也不漂亮。（我们能不用自己的心理预期来估量孩子的成果吗？）

4.别再堆了，一个下午的时间都过去了，还不如多用点时间看看书呢。（我们能克服内心的焦躁，还孩子一些自由的时间吗？）

5.唉，这个地方堆得太粗心了，要是再用点心，效果肯定不错。（我们能不在意别人的眼光吗？）

6.你看，人家小明在你这个年纪都会背几十首唐诗了。（我们能不和别人的孩子比较吗？）

那么我们应该怎样控制自己、改变自己呢？首先，父母不应该给孩子施加过大的压力，因为孩子毕竟还小，还没有形成完整的、正确的思维方式。其次，父

母应该注意孩子所做的任何正面、积极的、值得尊重和集中兴趣的事，适当地给孩子作引导。要认可孩子按照你的要求所做的事，要强调孩子的每一点进步，要适当奖励孩子，赞美孩子的成功。

◎ 家长的"革命"

没有教不好的孩子，只有不会教的家长。天下没有不好的孩子，只有不善开发潜能的家长。英国某首相曾说："主宰国家命运的，不是在台面上的政治人物，而是摇篮旁边的那双手。"可见，父母的教育对孩子的重要性。崔宇老师在《家长的革命》中也说过："一个有勇气改变自己的家长，才有能力改变自己的孩子。"特别是当家长发现自己的孩子存在这样或那样的缺点、问题时，应当首先考虑是不是自己本身出现了问题？接下来该选择怎样的对策来改变这一情况？崔宇老师在书中介绍了一个发生在身边的真实事例：

一天，有位热情好客的家长邀请我去某某高级酒店共进晚餐，顺便认识一下她的儿子，解决一些问题。其实，我不太喜欢在饭桌上说教，但这个语气坚决、果断的家长，简直就是以命令和通知的语气说，希望我晚上准时到场，万事俱备，就等我开饭。见到那个孩子的时候，我真吓一跳，那位家长看起来十分娇小，但她的儿子赶得上姚明了。我在家长的安排下坐到孩子的旁边。

那孩子很沉默，一直都是他的妈妈在滔滔不绝地向我介绍她自己的工作、丈夫的工作，今天怎么怎么忙，实在没有别的时间等。她讲到口渴，停下来喝水，我便问旁边的小伙子：

"在哪个学校读书啊？"

"噢，他在市一中。"

"你们几点放学？"

"他们四点半就放了，也是从学校直接过来的。"唉，这位妈妈真爱说话。

"爸爸在什么单位？"

"崔老师，我刚不是说了吗，他在建行上班呢。"

"你们老家是哪儿的？"

"他们是延吉那边的，爷爷那辈搬过来的。"

我实在忍不住了，就轻轻地碰了碰那位母亲，结果，这大姐说："儿子，你往里面去点，挤着崔老师了。"

饭后，这位家长说："崔老师，您看我们家孩子长得不错吧，就是不爱说话，对什么都无所谓，哪像一个十几岁的青少年啊。"

我诚恳地说："大姐，真不是你家孩子不爱说话，而是你自己说得太多了。你看我问他的问题，都被你说完了，他还说什么呢？"

美国成功学家戴尔·卡耐基（Dale Carnegie）说，人与人之间谈话的时候，要用80%的时间倾听，剩下20%的时间，带着启发对方的问题来说。可这位母亲，总是匆忙地回答本来属于孩子的问题，没有给孩子留下一点说话的空间。

经常听到父母们抱怨自己的孩子没有主见，就连去餐厅、去饭馆点个菜，都只会说"随便"。其实，父母们应该好好想想孩子们出现这些问题的原因是什么？是不是做父母的经常把自己的意愿加到孩子的身上？是不是父母们没有给孩子足够的选择空间？是不是父母们经常不考虑孩子的感受？是不是父母们抢夺了原本属于孩子们的话语权？

❯ 正确的家教观，教出优秀孩子

◎ 走出几种教育误区

近几年来，家庭教育模式渐渐得到有效改善，但是仍有很多家长的家教观念深陷误区，不能自拔。这对于教育孩子来说，真的是一件非常危险的事情。正确的家教观念，有利于孩子的健康成长和素质提升，也有利于家长的管理和与孩子共同成长。

下面，我们着重介绍几种家教观念的误区，帮助家长形成正确的家教观念：

第一，孩子还小，教育孩子是以后的事，现在用不着大张旗鼓地对孩子说教。

很多家长都倾向于认为，孩子应该有一个美好而快乐的童年，我们不应该成为他们快乐的人生道路上的拦路虎，即使他们偶尔犯点什么小错误，也不必大加批评和指责，等到孩子长大了，再教育也不迟。其实，这是很多家长教育的一个误区。

虽然孩子年龄很小，但是他们已经有了初步的认知能力。比如，印度狼孩从小被狼攫取并且由狼抚养长大，具有狼的生活习性，像狼那样吼叫，像狼那样吃东西，手指甲和脚趾甲都很像狼，这说明人类的知识和才能并不都是先天得来的，直立行走和语言也都是后天习得的结果，都是后天实践和劳动的成果。这更说明这样一个事实：孩子从出生到小学的阶段对孩子的成长极为重要。如果家长在这个时候对孩子不管不问、放任自流，看到孩子的坏毛病还不加以批评教育，可以想象当孩子长大时会出现什么后果。

上小学的孩子的认知能力相对增强，对事物都能做出一定的认识和判断，对真善美和假恶丑也能作出区分，但是这个时期的孩子的心智还不成熟，很多时候还需要靠家长的引导。所以，家长要针对孩子的实际情况对孩子加以指导教育，等到孩子长大时再进行说教就迟了。

第二，孩子长大了，那些小毛病、小错误自然就会改正了。

面对调皮捣蛋的孩子，很多家长都会说："没关系，树大自然直。"可是，教育没有回头路。许多孩子长大后与人斤斤计较、打架斗殴、偷盗抢劫等，都是因小时候的一些小毛病无人管教而造成的后果。这种现象应该引起各位家长的反思。

孩子初上小学的阶段是形成良好道德、行为习惯、健康人格的重要时期。孩子缺乏一定的生活经历和认知能力，分辨是非的能力较差，行为自控能力较弱，需要家长的及时约束和管教，需要家长用心去塑造孩子的心灵，让孩子成为一个身心健康的好孩子。

第三，教育是学校的事，家长要做的只是给孩子提供良好的生活条件。

不得不说，这是家长推卸责任的说辞。学校不是培养孩子的唯一场所，相比于学校，家庭才是教育孩子的大本营。在学校里面，孩子学到的更多的是知识，在家里，孩子获得的是兴趣和求知欲，是培养孩子良好道德习惯和健康人格的场所。美国著名教育家 M.S. 斯特娜说："教育不应该在学校由教师开始，而应该在家庭里由母亲开始。"很多家长都认识不到这一点，往往把教育孩子的责任推脱到学校老师的身上，既不懂家庭教育的重要性，也没有家庭教育的紧迫感，这是一种极不明智的做法。

第四，我又不是老师，没有接触过专业的知识教育，教育相当无力。

一般来说，教育的概念分为狭义和广义两种。狭义的教育是指学校教育，即教育者根据一定的社会要求和受教育者的身心发展，有目的、有组织、有计划地对受教育者施加影响，以期在受教育的过程中给受教育者一定的基础知识和生活技能。广义的教育泛指一切有目的的影响人的身心发展和社会实践的活动。

当家长出现"我不是老师，我不懂得教育孩子"的思想的时候，我们应该警惕，这是因为家长把教育看得过于神秘，把家庭教育的内容完全等同于知识，以为教育就是教育知识，是一种完全狭义上的教育。实际上，教育知识只是最浅层次的东西，教育孩子拥有健康的人格才是最为重要的。孩子接受知识教育的场所主要在学校由教师来完成，但是家庭是一个培养孩子健全人格和辅导孩子获得知识的场所。不懂得教育知识，不是教育不好孩子的借口。针对这一问题，家长可以选择多读一些有关家教方面的图书，多到学校和老师交流、沟通，让自己和孩子一起在素质教育中快乐成长。

二、家长的观念，是孩子的"起跑线"

↘ 别以爱的名义伤害我们的孩子

◎ 无知的爱就是伤害

有一位母亲曾经给即将远行的儿子写下一封长信，其中的一句"你注定要成长，而我要退居幕后"，让人不禁潜然落泪。在这个世界上，包括爱情、友情在内的所有的爱都是以相聚为目的的，只有一种爱必须要放飞、相离，这就是父母和孩子之间的爱，这也是父母最为伟大的原因之一。从这个意义上说，父母最为成功的爱莫过于早早地将孩子从自己的生活中分离出去，让孩子见识更辽阔的天地。这种爱无疑是最伟大的，也是最无私的。"如果你对天空向往，渴望一双翅膀，我会让你飞翔。我不会做你的翅膀；而是你翅膀下的风，托着你飞得更高更远。"

有些时候，因为父母对孩子的爱过于浓烈，间接地给孩子带来或大或小的、有形无形的伤害。"因为我爱他，所以才会……"这是一个在半个月的时间里连续打骂自己儿子的父亲说的话。当记者问及何以是目前这种情况的时候，他老泪纵横地说，"天底下哪有一个家长不心疼自己的孩子？为了孩子上学，我替他操了多少心，可是又有什么用呢？我每天省吃俭用供他上学，他竟然对我撒谎，拿着血汗钱不务正业。不打不成器啊……"但是，"打骂"是正确的教育方式吗？孩子为此能认识到自己的错误而改正吗？难道"爱"是伤害孩子的理由吗？现实生活中，有太多的父母常以"爱"这个冠冕堂皇的理由情不自禁地做出许多不理性的事。

"爱"这个字很神奇，看起来非常简单，但是它又充满了神秘感，让人难以捉摸、难以驾驭。有时候，在很微小的事情面前，无数人因为这样抑或那样的"爱"而蒙蔽了自己的双眼，以致众多父母与孩子之间的关系不可调和，甚至剑拔弩张，但是哪个家长内心愿意这样呢？谁对自己的孩子不都是爱得无怨无悔，情深意切？可是这些或者太严厉，或者太骄纵的爱最后的结果往往事与愿违。

↘ 碎念：残酷的世界和最爱的你

◎ 生活能力比知识更重要

这个世界是残酷的。从一降生开始，孩子就面临着激烈的竞争。甚至于从还未出生以前，很多父母就开始为孩子将来成长路上所出现的种种可能排除障碍。于是，社会上出现了各式各样的早教班、胎教班，来维护父母们最爱的孩子们的利益。在教育孩子的问题上，中国教育和西方教育有着很大不同。疯狂英语创始人李阳曾总结说"中国妈妈教育孩子是下不为例，美国妈妈是这一次必须得改"，显示出中美教育的差别。

要应对以后生活中所面临的激烈的竞争和压力，父母们应该明白"生活能力比知识更重要"这条箴言。据新浪亲子报道，李阳的美籍妻子 Kim 就有一套独特的育儿方法，值得我们借鉴和学习。

李阳有三个女儿，分别是大女儿李丽，二女儿李娜，小女儿李华，他戏称为"公主团"。

当 Kim 抱着两岁的女儿回来的时候，也是李阳第一次见到自己的大女儿李丽时，一连好几天，小李丽都把他惊得目瞪口呆。晚上，小李丽跟妈妈道了晚安，自己就安静地去睡觉了。夜里也不怕黑，自己开灯去卫生间。早晨醒来，李丽自己刷牙洗脸，然后从一个专门放内裤的纸盒挑出内裤，再从另一个专门放袜子的纸盒里拿出袜子，最后打开衣柜搭配衣服：嗯，白裤子配红上衣？黑短裤配这件

碎花 T 恤也不错。把自己打扮得像个小公主一样漂亮后，李丽坐在桌前吃早餐。

李丽刚刚两岁，每次都把碗里的饭吃得干干净净，衣服上也干干净净。饭后，李丽坐在地板上看书，看得津津有味，一看就是一两个小时。其间，她跑过来对妈妈说："我要喝水。"Kim 说："好的，自己去倒吧。"李阳忙说："爸爸去倒。热水会烫着孩子的。"Kim 说："我教过她了，她懂得热水烫，会小心的。"果然，一分钟后，李丽自己端着杯热水回到桌边来。李阳看得是又惊又喜。

又过了一会儿，李丽想喝酸奶。见爸爸妈妈在忙着工作，她就自己提张小凳子，踩上去，从冰箱里搬出一个盛了 12 小盒酸奶的纸箱，把纸箱放在茶几上，她开始用一块塑料刀片划开纸箱的透明胶。顺利打开箱子后，用力把连在一起的酸奶盒分开，拿出两盒，插上吸管，送给妈妈一盒，自己捧着一盒喝了起来。

几年过去了，如今，李阳的二女儿李娜两岁了，就像当年两岁的李丽一样，她自己管理衣服，自己吃饭，自己提着小凳去卫生间，有时候还用刷子把马桶洗得干干净净……而 6 岁的李丽，完全像个小大人了，除了打理自己的生活外，还帮妈妈扫地、带妹妹，还会做美味的糕点——从和面、揉面、做蛋糕、烘烤，到香喷喷地端出炉。

Kim 教育孩子的原则性很强，要求孩子从小就要有自我服务的意识，而不是一味地求助于他人来获得自己生活的必需品。这和中国家庭中孩子过着"饭来张口，衣来伸手"的生活面貌有着本质的不同。这种教育方式在当前竞争激烈的社会中无疑也是一种较好的选择。

➥ 赢在"起跑"，更要赢在"终点"

◎ 赢在终点线

很多父母为了自己的孩子能够上全市最好的幼儿园、小学，不惜动用任何关系；为了让孩子多学习一点知识，忙碌奔波于培训班、补习班；为了把孩子培养成"全才"，给孩子报名英语、奥数、美术、音乐、舞蹈等各类兴趣班。他们给出的原因很简单，就是"不希望孩子从一开始就输在起跑线上"。一方面，想让孩子健康、快乐的成长，一方面，又不想让孩子输在起跑线上，这已经成了很多家长特别是年轻父母们的矛盾抉择。

随机抽查部分家长希望孩子有一个什么样的童年的时候，多数家长认为想给孩子一个"快乐的童年"，希望孩子"健康的成长"。当然这些都是发自肺腑的，也是出自真心之言。但是这毕竟是理想状态，当语言环境回到现实时，有些家长说到，"给孩子一个快乐的童年，可能会给他不快乐的一生"。

实际上，父母们要确立正确的家庭教育观念才能真正为孩子赢得"起跑线"，最终赢得"终点线"。童话大王郑渊洁曾说："如果孩子的人生是参加一场马拉松长跑竞赛，那么在起跑时是否领先是不重要的。因为，马拉松竞赛的特点是：谁笑到最后，谁笑得最好。"鲁鹏程在《别以爱的名义伤害孩子》一文中就举了一个简单的例子来说明这一问题：

刘女士有个5岁的儿子，孩子不到4岁时，她就给孩子报了绘画班。原本，孩子在她精心培养下人见人爱。但是，孩子最近脾气特别暴躁，不但好几次在马路上跟她扭打起来，还有一次居然当着同事的面顶撞她。这还不算，有一天，当她给孩子买回很多绘画书时，儿子却像疯了一样把书全部撕掉。刘女士气急败坏地打骂孩子，在毫无作用的情况下，又耐心说教，可是，儿子坚持不再学画画。无奈之下，她只能暂时让孩子停止绘画的学习。

孩子突然出现抗拒父母的现象并不是偶然的。最近几年，孩子因学习压力过大而走上极端的新闻屡见不鲜。很多孩子就是因为不恰当的"起跑"而患上了不同程度的抑郁、狂躁、焦虑等心理障碍性疾病，有个别孩子还因此走上了不归路。比如2013年5月12日在河南省周口市发生的一起惨案：周口市中级人民法院审判委员会委员、原鹿邑县法院院长高天峰在家中遇害，一起被害的还有他的女儿，系高天峰的儿子高炜晟雇凶杀人。因为高炜晟是高天峰夫妇超生的小儿子，所以父母溺爱他。高天峰夫妇特别希望孩子考上名校，凭自己的本事闯出一片天

地，于是专门安排了高炜晟待业在家的姐姐帮他辅导功课、打点学业。正是这种溺爱，让面临高考等压力的高炜晟喘不过气来，于是就产生了罪恶想法。这件案例说明，之所以会出现后来的这种情况完全是父母从小给孩子灌输的教育思想的恶果。

相信这一切都不是父母的初衷，父母只是不想让孩子输在起跑线上。可结果却输得一塌糊涂。父母一定要改变观念，一定要明确：教育要适应孩子不同阶段的发展，而不是把成人关注的知识、技能，在自己认为适当的时候灌输给他们。

因此，请父母不要以爱的名义伤害孩子。"不能让孩子输在起跑线上"绝不是父母教育孩子的理论根据。父母一定要学会科学地为孩子找到人生真正的起点。

↘ 要身心健康，还是要考试机器

◎ 身心健康最重要

孩子的快乐是家长最大的幸福，特别是当看到孩子身体健康和心理健康的时候，相信家长最为奢足的愿望才会实现。作为一个家长，如果每天都能看到孩子喜爱运动，有自己的喜好，每天都把笑容挂在脸上，懂得与别人分享，具有诚信的品质，喜欢乐于助人，不忘感恩……天底下哪一位家长会不感到幸福和快乐呢？

孩子的快乐是家长给予的，家长可以不需要一定的教育知识，但必须要具备一定的教育技能。家长的教育技能有高低之分，有的家长注重孩子的学习成绩，每天关注孩子的学习动态，观察孩子是不是又逃课了，是不是上课的时候没有注意听讲，是不是在课堂上捣乱了，而忽视了对孩子心理健康的教育。比如，爽爽有一段时期总是情绪低落，上课的时候也总是不专心，经常低着头一个人默默地看书，当老师提问她回答问题的时候，她有好几次都没有听到，还是同桌把她喊起来的，回到家也不愿意翻开书本温习功课。爽爽的妈妈注意到这一情况之后，就对爽爽大加指责和批评，对爽爽说"要是你再不好好听讲，你就不要回家吃饭了"等。爽爽妈妈在不追问孩子，也没有帮助孩子分析原因的情形下，对孩子言辞激烈的举动实在过于冲动。

　　当发现孩子学习退步的时候，家长应该主动找孩子谈谈近来的情况，帮助孩子分析一下原因，是因为孩子内心容易受到外来因素的影响，还是家庭气氛的不融洽导致孩子无心学习，是孩子过于调皮贪玩还是受到了其他事情的困扰？帮助孩子分析原因，能够针对孩子的实际情况对症下药，同时也能帮助孩子扫清心理障碍，使得学习成绩进一步提升。爽爽的妈妈后来才知道，原来爽爽那一阵子的情绪低落是因为爽爽在学校的时候被一个陌生的小孩子骗走了自己最喜爱的漫画本，以致对整个学校和同学都充满了恐惧感和警戒心，最后导致爽爽一个人总是孤独忧郁，无法静下心来学习。当爽爽妈妈了解这一情况的时候，才发现帮助孩子重拾健康的心理的高兴和开心远远胜过孩子考试的时候拿到第一名的激动心情。

　　每位家长都希望自己的孩子能够在德、智、体、美、劳等方面全面发展，往往过于重视孩子的学习成绩而忽略了孩子的身心健康，这是极不明智的做法。

三、爱孩子，那么就成为孩子的榜样

➥ 学会等待，学会尊重，学会爱

◎ 戈尔曼的"糖果实验"

一般来说，孩子的年龄越大，他的需求和欲望就越大。心理学家指出，从小给予孩子需求的"延缓性满足"，能够培养孩子良好的自制能力，对孩子以后的成长影响深远。针对"延缓性满足"，心理学家戈尔曼（Goleman）有一个著名的"糖果实验"，在众多家长中都产生了深刻的影响。

心理学家戈尔曼的测试对象为 4 岁的小朋友，测试在一间教室里进行。戈尔曼让小朋友坐在自己的座位上后，就拿出来一袋子看起来非常美味的糖果，然后在每个人的桌子上都放了两颗。戈尔曼准备就绪后说："现在你们每个人的桌子上都放着两颗糖。如果你现在就把它吃掉，我可以再给你一颗糖，但是只能给你一颗糖。如果你能坚持 20 分钟，等我从外面回来后再吃，那么我会再给你两颗糖。"

戈尔曼前脚刚踏出房间，一部分小孩就迫不及待地抓起了桌上的糖果。眨眼之间，桌子上的糖果就不见了。

另外三分之二的孩子选择了等待 20 分钟去赢得另外两颗糖。对于他们来说，这 20 分钟显得如此的漫长。为了抵制冲动和诱惑，他们有的趴在桌子上闭起双眼，有的喃喃自语，有的唱起了歌，有几个小朋友围在一起做游戏。慢慢地，20分钟过去了，戈尔曼回到了房间，等待的孩子如愿得到了两颗糖。

实验到此并未终止。戈尔曼一直在关心着这些孩子长大成人之后，在社会生活中的行为表现。他发现，那些在实验中抵制住冲动和诱惑的孩子，学习成绩明显要好，做事情也更有主见、不轻易向困难低头，更不轻言放弃，在事业上获得成功的概率也更大。

让孩子学会等待，并不是一件很难的事情。这是培养孩子自制力的关键环节，也是考验父母亲耐力的重要时刻。一个朋友曾经告诉过我，她是如何锻炼女儿的耐心和自制力的：

蓝蓝特别喜欢吃我做的蛋挞。有一次，蓝蓝独自在客厅里堆积木，我就在厨房里做她最爱吃的蛋挞。不一会儿，蓝蓝就跑进了厨房，她说："真香呀，我要吃蛋挞。"我告诉她说："妈妈正在做，现在还没熟呢，等熟了再给你吃。""不行嘛，不行嘛，我现在就要吃。"3岁的蓝蓝开始撒起娇来。我说："你想吃也不行啊，再等几分钟吧。你要是真的饿了，就去吃点面包或者饼干吧。"蓝蓝见我不给她吃，就使劲撇了撇嘴，甚至开始揉眼睛，带着哭腔说："给我吃嘛，我要吃。"我本来就知道蓝蓝的自制力差，就想借助这个机会锻炼她一下。于是，就带她离开了厨房。刚出厨房，蓝蓝就挣脱我的手，一个人跑回了房间。

过了一会儿，蛋挞做好了。这时候，蓝蓝又跑回厨房，说："妈妈，我要吃蛋挞。"我告诉她："蓝蓝，刚做好的蛋挞很烫，我们再等5分钟，好不好？"蓝蓝见状，就又回了房间。5分钟后，我把蛋挞盛在一个点心盘里，端到了餐桌上，冲着房间门，说："哦，蛋挞做好了哦。我们家蓝蓝最喜欢吃的咯。"这时候，蓝蓝还是一动不动。我知道她在生气，就没有理她，继续忙别的事情去了。后来，蓝蓝自己就从房间里跑出来，到餐桌前吃了起来。

训练孩子的自制力并不难。像在上面所说的日常生活中的很多琐事中，都可以因地制宜地、有意地培养孩子，让孩子学会等待，美好的东西总是在后头。

◎ 学会尊重，学会爱

爱孩子，就应该成为孩子的榜样。特别是在孩子塑造性格的关键时期，父母应该注重培养孩子良好的品质。杨杰老师在《让孩子心悦诚服》这本书中提及了关于孩子成长过程中要"学会等待，学会尊重，学会爱"的问题。说的是曾经有一位年轻妈妈曾经在杨杰老师的博客上留言，语气中充满抱怨、控诉之辞。据她说，自己的老公脾气暴躁，孩子不懂得尊重别人，夫妻在很多教育问题上存在一定的分歧。直到有一次，孩子在考试中交了白卷，她被叫去学校谈话，才逐渐意识到问题的严重性。当杨杰老师开始为这位年轻妈妈正式咨询的时候，发现她的家庭状况和她所描述的整个事情南辕北辙。主要原因在于，她总是把自己当成一个局外人，觉得孩子教育的失败完全不是她的因素，最主要的问题出在爸爸身上。这位年轻妈妈在一篇日志中描写的一件小事，就暴露出她身上的弱点：

晚饭很快做好了，他爸很怕热，吹着电扇，一边吃一边淌汗。我让他洗洗再吃，他不理我，我也没再说话。孩子却帮着我对他吼，让他爸快点去洗脸。我在一边听着，感觉很好笑，但还是故作平静地对孩子说："吃饭！不理他！"

这位妈妈抱怨孩子不懂得尊重人，不难看出这与她自己的行事习惯、语言表达方式有关。杨杰老师针对这一情况，对这位年轻妈妈进行了疏导，半开玩笑地问她："孩子吼爸爸，你觉得好笑，是不是你觉得他为你'报仇'了？"这位年轻妈妈说有一点点这个想法，但是孩子吼爸爸太不尊重爸爸了，这种方式她也不太赞同。杨杰老师继续追问道："爸爸不洗脸，孩子吼爸爸，你觉得谁的错误更多呢？"年轻妈妈不假思索地回答说："当然是爸爸。"杨杰老师感觉有点吃惊，忙追问理由。年轻妈妈说："如果爸爸去洗脸，后面的矛盾不就没有了吗？"杨杰老师分析了这一情况后，说："你让爸爸去洗脸，但是说话的语气不对。最终爸爸没有去洗脸，同时也没有回应你，这个时候你心里肯定会觉得有些不舒服，认为他不听劝。"年轻妈妈承认了这一点，并说："是的，我一直觉得我说的是对的。"杨杰老师继续说道："站在爸爸的立场上看，他很热，出汗了，他觉得吹吹风扇就可以了。他要对自己的感觉负责任，洗不洗脸，决定权在他手里。这个时候，我们可以给他提一些建议，但是没有必要去强迫他。如果你要求他必须去洗脸，那么洗脸这个行为，就不再是为了他自己，而变成是为了你和孩子，为了让你们看着舒服点。如此说来，爸爸没有听你的话并没有过错。后来孩子参与进来甚至直接吼爸爸，你觉得这样做对吗？"年轻妈妈豁然开朗，意识到自己所犯的错误，于是说："看来是我把自己的意志强加于人，光想着爸爸不听我的，反倒忽略了孩子的过错。"

这件事情可以说微不足道，但是从根本上改变了年轻妈妈的观点，更为重要的是，转变了孩子不尊重别人的态度。相信通过这件小事，也能够给这个孩子的一生带来意想不到的收获。

➷ 身体力行，用行动教育孩子

◎ 美德传承，润物细无声

榜样的力量是无穷的。对于孩子来讲，他天天和父母在一起生活。经过耳濡目染，慢慢地将父母的行为习惯、语言表达等都转移到了自己的身上。当我们知道，父母是孩子最好的老师，"模仿"和"学习"的对象的时候，就应该对自己的行为负起责任。因为将来孩子们的行为可能是我们行为的再现。

还记得中国中央电视台前几年持续播出的一则公益广告：妈妈一边给儿子洗脚，一边讲着故事："小鸭子游啊，游啊，游上了岸……"讲到这里，妈妈和儿子都会心地笑了起来。给儿子洗完脚，妈妈就要端着盆子推门出去，一边说："你先自己看啊，妈妈待会儿再给你讲。"说着，妈妈就带上门，从厨房提了一大桶水到奶奶的房间，准备给奶奶洗脚。奶奶抚摸了下这位妈妈的头发，心疼地说："忙了一天了，歇一会儿吧。"这位妈妈笑着说："不累。烫烫脚啊，对您的腿有好处。"不料，这一幕完全被儿子看在了眼里。当妈妈收拾完一切，准备回房间接着给儿子讲故事的时候，发现儿子并没有在房间里。她扭过头去，惊喜地发现，儿子端着满满的一盆水正扭扭歪歪地向她走来。儿子用稚嫩的声音笑着对妈妈说：

"妈妈，洗脚。"广告播放完毕，响起画外音："其实，父母是孩子最好的老师。"相信很多人对这则广告记忆犹新。这则广告也曾经在社会上引起强烈反响，它告诉我们这样一个道理：一个好孩子的背后，很可能是好父母给了他让他终身受益的教诲；一个坏孩子的背后，很可能是不称职的父母给了他滋生坏毛病的空间。

前苏联教育家苏霍姆林斯基说："每个瞬间，你看到孩子，也就看到了自己；你教育孩子，也就是教育自己，并检验自己的人格。"的确是这样。前几年，有一位单身的农民父亲，将自己家里的五个孩子都陆续送进了名牌大学。当记者问到这位不善言辞的父亲是怎样把五个孩子培养得如此之棒的时候，孩子们的回答是这样的，"父亲从来不给我们讲大道理，总是用自己的实际行动来感染我们。比如，在我们很小的时候，他就给我们制订了一个计划，就是每天早上五点钟都要起来跑步，风雨无阻。通常都是他提前五分钟，挨个敲我们的房门，说：'孩子们，走！一起锻炼身体去！'十几年从未间断过，直到今天我们都还坚持每天早上跑步锻炼。在这个过程中，我们的耐力和善于坚持的品质都锻炼出来了。还有就是，当我们刚开始上小学的时候，父亲就给我们每个人发了一个洗脸盆和搓衣板，他告诉我们，从今天开始，就要自食其力了，自己的事情自己做。慢慢地，我们也练就了独立的好习惯。这让我们在以后的生活中收获了很多。"教育是一种智慧，一种超越知识的智慧。当然，我们也应该适时地给孩子讲一些道理，但是并不能把对孩子的教育完全放在讲道理上。如果孩子的耳朵里天天充斥着各种大道理的声音，那么终有一天他不再把这些所谓的大道理当成一回事儿，甚至父母在他们的眼睛里也变成了"唠叨爸爸"或者"唠叨妈妈"。

↘ 不经意间的一笔，就淡墨轻染

◎ 父母的错误

父母是孩子的第一任导师，父母的言谈举止直接影响着孩子。为了教育好孩子，父母应该特别注意自己的行为，以防把自己错误的、不良的习惯在不知不觉中传染给孩子。下面，是根据近年来孩子和家长身上共存的不良因素总结出来的几点内容：

父母的坏榜样之一：认为孩子不会学习自己的语言。

朋友是当地学校的一名教师，最近他发现班上的一个男孩子特别擅长"国语"，张口闭口都是"他妈的"，朋友曾经跟这个男孩子说过这个问题，但是男孩子从来没把它当回事儿，所以一直以来也没有改掉这个坏毛病。于是有一天，朋友决定去男孩子家家访。谁知朋友一进门，还没来得及说明来意，男孩子的父亲就对朋友说："我这孩子他妈的，在家里就他妈的捣蛋，光知道他妈的看电视，什么活他妈的也不干，不知道他妈的在学校怎么样。我跟你说，如果他妈的在学校不好好学习，你尽管他妈的给我揍。"

这位父亲觉得孩子的成长完全靠老师，似乎跟自己没有一点关系。当父母出现类似这样的想法的时候，应该感到危险。因为孩子只有在学校里的时间和老师在一起，和与父母待在一起的时间相比可谓少之又少。因此，家长应该注意自己的一言一行，培养孩子正确的语言习惯和行为习惯。

父母的坏榜样之二：遇事先追问责任而不是解决问题。

乐乐和小朋友在院子里一起玩耍。后来，不知道是谁打破了一块玻璃，随后孩子们就喧闹起来。乐乐赶紧去找妈妈来。这时候，乐乐妈妈正好闻声赶过来，问是谁打破了玻璃。当时，周围的小朋友都默不作声。乐乐妈妈看着乐乐使劲地揉眼睛就问："乐乐，是你打坏的吗？会不会是其他的小朋友啊？"乐乐看着妈妈，带着哭腔说："妈妈，是我。"当乐乐妈妈知道是乐乐打破了玻璃的时候，反而更加生气了，说："你是怎么搞的，和别人一起玩，人家都没有打碎玻璃，怎么你就偏偏打碎了呢？你说说，这是怎么回事？"乐乐找妈妈过来，就是因为孩子害怕，想让妈妈过来帮帮忙，谁知道妈妈一过来就责问乐乐的不是，并没有为乐乐想解决问题的办法。

乐乐妈妈的行为很容易在孩子的心目中产生不良的影响，即遇到事情总是会追究责任而不是解决问题。事实上，当孩子遇到困难的时候应当和孩子分析一下整个事情的来龙去脉，一起解决问题。待问题得到妥善解决时，再和孩子一起探讨原因，让孩子在整个事情中吸取教训，并获得一定的解决问题的能力，而不是一味地追究责任。我们必须明白，在任何情况下，解决问题都比追究责任重要。

父母坏榜样之三：在没有了解真相的前提下训斥孩子。

果果在大人的心目中一向是个乖巧的孩子，邻居们也经常夸果果妈妈是一位称职的母亲。有一次，果果和妈妈提了一大兜水果到外公家去。一阵寒暄之后，果果妈妈说："我去把这些苹果洗一洗，都尝尝好不好吃。"于是，果果和妈妈去了厨房。果果妈妈从刚洗好的一盘苹果中，挑出两个又大又红的苹果，递给果果说："果果，这两个苹果，一个给外公，一个你自己吃。"没想到，果果在给外公苹果的过程中，自己先在每个苹果上都咬了一口。果果妈妈感到特别气愤，心想孩子平时挺懂事的，怎么突然变成了这样？于是，果果妈妈就冲上前去责问果果为什么要这样做。果果被妈妈的举动吓坏了，没有说话。在一旁的外公就拉着果果说："我们果果是个好孩子，好孩子告诉外公，你这么做的目的是什么呀？"果果低声说："我想尝尝哪个苹果甜，把甜的那个给外公。"

很多家长看到孩子的所作所为时，都喜欢妄下结论，急于批评孩子。有时候，孩子只是出于童真想把最好的东西给最亲的人。因为我们失去了童真，总是以自己的想法来揣度孩子的心灵，最终总是得不偿失。当我们遇到类似的事情的时候，应该静观其变，不要着急，在了解这个事情的前因后果时再下判断。

孩子，是家长形象的一面镜子

◎ 老爷爷和小孙子

俄罗斯文学家列夫·托尔斯泰有句名言，即："全部教育，或者说千分之九百九十九的教育都归结到榜样上，归结到父母自己生活的端正和完善上"，"孩子是父母的一面镜子，你对他笑，他会对你笑，你对他哭，他也会对你哭"。有时候，家长恨孩子不成材，总是对孩子大喊大叫，甚至是拳脚并用，近来也有家长奉行家庭教育书籍中"夸孩子"的办法，希望孩子能够按照自己预期目标的方向发展。实际上，无声的教育才是最好的教育，无声的教育远远胜过各种有声的教育，榜样的力量是无穷尽的。

列夫·托尔斯泰曾写过《老爷爷和小孙子》的故事来说明家庭教育中家长的榜样的力量。故事内容是这样的：

爷爷很老了，腿脚不灵便了，走起路来总是一摇一晃，很是蹒跚；眼睛也不太好使了，看什么东西都觉得是花花绿绿一片；耳朵也听不见了；连牙齿几乎都掉光了。他吃饭的时候，总是邋邋遢遢的，食物几经咀嚼却总是顺着嘴边往下流。儿子和媳妇看到老爷爷这个样子，觉得很是不舒服，就告诉他让他以后不要上桌子吃饭了，要吃的话就到炉灶后面去吃。

有一次，儿子和儿媳妇给他端了一碗饭和一碗菜，顺手放了在了炉灶上。老爷爷想把饭碗移得近一些，却不料失手打碎了饭碗。儿媳妇看到之后特别愤怒，就嚷嚷说他把家里的东西都给摔破了，还说以后只给他一个木钵子吃饭，老爷爷听到之后，只是一个劲儿地唉声叹气，什么也没说。

一天，小两口儿坐在家里，看他们的小儿子蹲在地上玩几块碎木头，好像是要做什么东西的样子。父亲就问孩子："你在做什么呀，米沙？"

米沙说："爸爸，我在做木钵呢，等你和妈妈老的时候，我就让你们用木钵子吃饭。"

小两口儿互相看了看，不禁掉下眼泪来。他们为自己嫌弃老人的行为感到羞愧难当。他们又重新把老爷爷请回了饭桌，好好伺候老人安享了晚年。

只要你认真观察，你就会发现孩子是一个天生的学习者和模仿者。他们不仅接受家长交给自己的知识和技能，还会在有意无意间模仿家长的行为方式和语言习惯，甚至是思维方式。他们能够迅速地将这些东西消化、吸收，最后化为己有。这些都是孩子的天性。所以，孩子的某些行为、语言等习惯的养成和家长本身的行为、语言习惯是分不开的。

美国家庭教育家 Dorothy Law Nolte 的《Children Learn What They Live》(译为《培养孩子的魔法语言》)，新浪网友"辛子 IN 日本"将里面的开场白"孩子是父母的镜子"翻译如下，可供家长参考：

孩子如果总是被大人贬低，将来的他（她）也会总是贬低别人；

尖酸刻薄家庭长大的孩子，也会尖酸刻薄地对待他人；

在忐忑不安的环境下长大的孩子，将来就会有一颗总是忐忑不安的心；

如果老是对孩子说"可怜的孩子"，你就培养了一个自卑的孩子；

如果老是将孩子当傻瓜以为他什么也不懂，你就培养了一个毫无主见畏首畏尾的孩子；

做父母的若老是羡慕别人，孩子也会跟着老是羡慕别人；

若老是受到训斥，孩子就会认为自己是个"坏孩子"；

总是得到鼓励，孩子将会成长为一个自信的人；

对孩子怀有博大的心，孩子就不会成长为小心眼的人；

赞美孩子，孩子就会成长为明快的人；

给予孩子爱，孩子也会懂得如何爱他人；

肯定孩子，孩子就会懂得热爱自己；

重视孩子，孩子就会成为努力的人；

教会孩子分享，孩子就会学习关怀与体谅；

父母是正直的，孩子就会明白正直的重要；

公平地对待孩子，孩子就会成长为有正义感的人；

给予孩子亲切与关怀，孩子就会成长为一个温和的人；

给予孩子守护的力量，孩子就会成长为坚强的人；

在其乐融融的家庭长大，孩子看到的世界就全是美好与善良。

四、爱在自由里，学会"放养"孩子

打开笼门，让鸟儿自由飞翔

◎ 让孩子自由飞翔

"我的宝贝宝贝，给你一点甜甜，让你今夜都好眠，我的小鬼小鬼，逗逗你的眉眼，让你喜欢这世界，哗啦啦啦啦啦，我的宝贝，整个时候有个人陪，哎呀呀呀呀呀呀，我的宝贝，让你知道你最美。"这首歌是张悬的《宝贝》。每一位父母都在孩子身上倾注了无尽的爱。有时候，爱也需要智慧，特别是在"收"和"放"之间的衡量，更是一门高深的学问。

清晨，在街上跑步的时候，经常看到很多人提着鸟笼到小树林里、公园里遛鸟。遛鸟的人群也渐渐年轻化了。很多人想当然的认为，自己出去遛鸟，带它们到小树林里、公园里看看外面的世界已经是很好的养鸟的方式了，毕竟比那些天天被关在笼子里待在家里的鸟儿们好得多。可是，我想问一句，这是鸟儿想要的生活吗？有些鸟儿是不宜饲养的，即使生活在动物园中的小鸟可能也会受尽折磨。所以，我觉得养鸟应该像养鸽子一样，适时地打开笼门，让它们自由地在天空中翱翔。

爱因斯坦（Albert Einstein）说："如果人们已经忘记他们在学校里所学的一切，那么所留下来的就是教育。"著名教育家陶行知先生在其《创造的儿童教育》

中提出：

　　"解放孩子的双手"——让孩子能自己动手；
　　"解放孩子的双脚"——让孩子能自由活动；
　　"解放孩子的眼睛"——让孩子能去看、去观察；
　　"解放孩子的嘴巴"——让孩子能说；
　　"解放孩子的大脑"——让孩子能想、能思维；
　　"解放孩子的时间"——让孩子能做自己想做的事情。

　　这"六大解放"明确提出培养孩子的目标是培养独立思考的能力和创造力，而不是把所有的东西都为孩子准备好、设计好，让他独享其成。陶行知先生当校长时，就遇到过这样一件事：

　　有位学生家长对陶行知说："我儿子昨天把我新买的金表拆了，我狠狠地打了他一顿。"陶行知说："你打没了一个爱迪生。"学生家长问："什么意思啊？"陶行知说："孩子好奇心强，蕴藏着不可预测的潜能，是获得智慧的关键。保护孩子的好奇心，就是保护孩子的创造精神，就是保护孩子的未来幸福。"这位家长很后悔自己的行为，为了弥补过失，带孩子去了表店，让孩子在师傅修表的过程中，解决了自己的问题。

　　陶行知先生讲的这个事例很具代表性，相信很多家长都碰见过类似的情况。当发现孩子对某种东西特别感兴趣的时候，一定要注意培养他的热情和兴趣，引导他向好的方向发展，不要轻易地否定掉孩子的好奇心，说不定你就扼杀了一个天才、一个科学家。

　　孩子是具有独立思维能力的人，不是家长的附庸，更不是家长的宠物。家长要顾及孩子的真实感受，帮助他们建立起良好的独立思考和独自解决问题的能力。

丢下孩子，让他自己找路回家

◎ 放养孩子

美国儿童教育专家勒诺·斯科纳兹认为，对孩子而言，穷养、富养，不如放养。他对自己孩子伊兹的养育就采用了"放养"理念。勒诺·斯科纳兹讲到自己准许伊兹自己坐地铁回家的事例时说：

我认为让伊兹试着自己回家似乎是个不错的主意。绝对算不上危险，更算不上疯狂，甚至不是很困难。我跟丈夫商量过这件事，两人都觉得孩子的确已经准备好了。所以在那个晴朗的星期天，在宽敞明亮的地铁里，我对伊兹说出了今天的父母们已经很少对孩子说的那句话："再见！祝你快乐！"

当然，我不会让伊兹"手无寸铁"。我给了他一份地铁线路图，一张交通卡，应急用的 20 美元，还有打公用电话用的硬币。不过，我并没有让他带上手机，因为尽管我相信他能找到回家的路，但却不敢肯定他不会在路上把手机弄丢了。

别忘了，他身上还有钱呢。

无论如何，最终的结果很顺利。伊兹在地铁站转公交车，过了一个多小时就回到了家里，回来时脸上满是自豪。

随之，很多家长在读了勒诺·斯科纳兹《放养孩子》这本书后，都有意无意地注意加强培养孩子独立自主的能力。

朋友在一所小学任教。每当接近放学时间，校园门口都挤满了前来接送孩子的家长。他们有骑自行车、三轮车、摩托车的，也有开着小轿车的。过了两个星期的时间，朋友发现全班 30 多个小朋友中，只有一个小女孩从没有人接送，每天都是自己往返于学校和家之间。有一次，突然下起了小雨。朋友看见学校门口旁边的一个小朋友正在冲着自己的父亲大喊大叫，说，"为什么今天妈妈没来接我？为什么是你来接我？你看你都把后座淋湿了，我不回家，我要等妈妈来接我……"这位爸爸满脸的无奈，一边借来干纸巾擦拭自行车的后座，一边堆着笑容给解释孩子因为妈妈实在太忙……这时候，朋友看见，经常独自回家的那个小女孩，一个人撑起小花伞，卷起裤脚，高高兴兴地哼起歌儿回家去了。后来，朋友才知道，这个小女孩的父母都是做小生意的，平常都太忙以至于无法接送她上下学。在以后的学习中，朋友发现，这个小女孩的动手能力和解决问题的能力都明显高于其他小朋友，更难能可贵的是，她总是保持着乐观和斗志昂扬的精神。

中国的家长都倾向于保护甚至"看守"自己的孩子，生怕孩子离开家长视线哪怕只是一瞬间，都会受到意外的伤害。试想，这样养育孩子的方法和在温室里培育玫瑰有什么两样？当强烈的阳光照射、猛烈的暴风雨席卷而来的时候，最先倒下的总是不堪一击的温室里的花朵。有些家长也给孩子一定的独立自由的生活空间，但是总有一双手或者一双眼睛盯着他们的一举一动，虽然表面上似乎给了孩子"自由"，但是又有什么用途呢？就像我们平常所说的"飞翔，不是让孩子成为一只漂亮的风筝，永远让父母的手牵着"。

↘ 你的"担心"不是真正的"爱"

◎ 外面的"危险"世界

很多家长认为，外面的世界很危险，很难想象一个孩子在外面的世界里走动的那种孤立无援的样子，总是把自己对孩子的"担心"和"爱"看成是这个世界上最为柔软的角落，并且相信只有这里才是最安全的。正是因为家长对孩子的担心，现在的孩子用品商业正逐渐成为一个暴利行业。

美国的婴幼儿安全保障师曾经向我们展示房间里暗藏的极其"危险"的角落。比如，房间里的楼梯很容易成为孩子们爬上爬下、跑上跑下的地方，存在着致使孩子从楼梯上跌落下来的安全隐患，为了避免孩子爬上楼梯，可以使用一种特殊的隔离门结构；为了防止孩子的手指被门缝夹到，可以在每扇门上安装避免让门关紧的门楔；避免孩子乱动冰箱里的食物，可以选择为家里的冰箱上把锁；为了防止孩子在马桶中溺毙，必须加固马桶盖的装置；为了减少孩子爬行过程中受伤，可以为孩子选择一款舒适性强、缓冲性能高的婴幼儿护膝；为了保护孩子的头部受伤，可以戴上一种"防磕碰头盔"……诸如此类，不胜枚举。

如果家长对孩子没有一点信心，即使是在自己家里也害怕孩子出什么差错的话，更不愿意让孩子到外面的世界去。那么，孩子所认识的、所接触到的只是一个小圈子，不能够为孩子的成长创造契机和有利条件，长此以往，对孩子的成长极为不利。下面说一个发生在我们身边的例子：小美的妈妈总是对小美爱护有加，甚至对小美每天吃的食物含多少营养值都计算得分毫不差。有一次小美的妈妈有急事要外出，没办法带小美过去。于是，她把小美带到了朋友家，嘱咐朋友帮忙照顾小美。那天，正好是朋友家里约定好带孩子到外面吃东西的日子。到该吃中午饭的时候，朋友就带上自己的孩子小云和邻居家的孩子小美去了一家绿色食品的小餐馆。当小云和小美美滋滋地开始点菜的时候，朋友给小美妈妈打了个电话，告知了小美的情况和她的午餐问题。谁知道，话还没说完，电话那头的小美妈妈就大吼起来："你们给她吃什么东西了！千万不要胡乱带孩子出去吃东西啊，小餐馆很不卫生的，谁知道餐馆里的饭菜都有多少营养……"后来，过了一会儿，小美妈妈就赶过来了，说："我们小美还是不在这里吃了，我们回家吃吧。我已经请了假了。"说着就拉着小美离开了餐馆。

生活中，类似小美妈妈的家长还有很多，他们都是说为了孩子好，不愿意让外界的不良因素干扰孩子的学习、健康和生活。但是，把孩子管得太松或者太紧，对孩子来说都没有好处。家长管孩子也是一种艺术，既要给孩子一定的成长空间，又要合理安排孩子的"放飞"时间，要在家长自觉和孩子自觉的基础上，形成以孩子和家长为双中心的家庭教育模式。

◎ 远离"自然缺失症"

上海市有关机构发布的一项《城市中的孩子与自然亲密度调研报告》指出，在接受调查的全国 20 个省市的 1300 多名中小学生中，12.4% 的孩子具有"自然缺失症"的倾向。所谓"自然缺失症"，指的是孩子对自然缺乏好奇心和兴趣，

相应地，具有情绪调控能力下降、对环境的适应能力下降等特点。这项调查发现，除上学时间外，"宅"在家里的生活方式正在城市少年儿童中蔓延，有 48.5% 的孩子每周户外活动时间少于 3 小时，明显低于专家建议的每周 7 小时以上的标准。

居住在城市高楼大厦的中小学生反映，节假日的时间走出家门、走出校门，到大自然中呼吸新鲜空气，对于农村的孩子来说是再平常不过的事情，而对于他们简直就是一种奢望。特别是在每年的春夏之交，很多的小朋友都有一个梦想，梦想和爸妈一起到自己喜欢的地方转一转，可是很多家长都满足不了孩子简单的愿望。在学校里，老师们更是出于对孩子的安全考虑，每次春游都是很简单地到学校附近的小公园里逛逛或者到博物馆参观，很少让孩子见识到大自然的美妙。

随着社会老龄化现象的加重，一般家庭中孩子的父母白天在外上班，照顾孩子的重任就落在了老人的身上。通常，爷爷、奶奶对孩子的照顾更是"无微不至"。大多数情况下，老人更喜欢"圈养"孩子，因为老人喜欢清静，也不愿意到人多的、热闹的地方去，所以一般都会和孩子待在家里。除了学习时间外，孩子的业余活动通常是在自己的家里，因此电视、电脑、电子游戏成为孩子们最好、最熟悉的"伙伴"，这样下去，城市孩子的"高楼孤独症"、"自然缺失症"的程度越来越深。家长一定要注意引导，给孩子亲近自然、拥抱自然的机会，孩子一定可以从自然中获取乐趣、收获幸福。

↘ 适当放手，给孩子自由空间

◎ "圈养"还是"放养"

柏拉图曾经说过："对一个孩子最残酷的待遇，莫过于让他'心想事成'。"孩子的成长并不是仅仅依靠家长的一厢情愿和为孩子准备得多么周到健全所能规划的，更不是只要将孩子"圈养"起来，孩子就会自然而然地按照家长规划的轨迹行走，也不是家长给予孩子的关爱越多，孩子将来就越有出息，这些都是不奏效的。很多时候，家长对孩子过高的期望和管束，过多的关心和爱护，往往成为孩子未来成长道路上的隐形杀手。现在，当一些家庭出现不可调和的矛盾和问题的时候，往往不是家长不关心、爱护孩子，反而是关心和爱护过多。

"放养"这个词主要是针对动物提出的，是指让动物脱离人类的控制，脱离人类为它们的生存所设置的种种藩篱和障碍，让它们重新回归大自然，回归动物最为原始的、最为舒适的生活状态。对于孩子也是一样，如果将孩子设置在小小的范围里，圈住孩子的手脚，同样也会让孩子感到无法呼吸甚至是窒息，所以说，圈养的孩子只能呆望四角的天空，只能躲在小角落里畅想大地的辽阔和河水的潺潺，而不能真正见识到大江大海的汹涌和疆域的广绵辽阔，圈养的孩子只能从小范围里获得自己想要的东西，限制了自己的思维方式，阻断了本来必需的好奇心和创新能力。

在中国的家庭中，每逢寒暑假，家长都像供奉"小公主"、"小皇帝"那样不让孩子干这干那，害怕会累着孩子、苦着孩子。近年来，有很多新闻报道指出，在日本和英美等许多国家，每逢学校的寒暑假，孩子们都会做一些力所能及的活儿，比如自己整理房间，帮助妈妈打扫卫生、做一些家务活儿，和爸爸一起每天锻炼身体等。这些都是很值得中国的家长学习和借鉴的。

放养孩子，从另一个方面来说，也是家长本身的解放。对于家长来说，照看孩子并不是一件很轻松、容易的事，与其三令五申地命令孩子还不如给孩子一点空间和时间，让孩子过上一种相对自由的生活。比如，家长在做一些事情的时候要考虑到身边孩子的模仿能力，时时刻刻摆正自己的位置。同时，家长也有义务为孩子的选择指明方向，但是注意不要轻易代替孩子来做决定。家长有义务为孩子指引道路，但是孩子提交"功课"的事情必须由孩子一个人独立完成。

从另一个角度来说，家长还必须明白一点，即放养并不是放任自流，不是摊开手什么都不闻不问，什么事情都任由孩子做主。我们准许孩子大胆去体验世界、探索世界，但在这个过程中要适当把握一个"度"，给孩子一个参照系，缺少了参照系，孩子就永远不会明白自己想要的是什么，也不知道该如何去奋斗、拼搏，如何去超越自己。

第二章

培养健康人格比传授知识更重要

一、自信，是一种美妙的生活态度

二、爱之花开放的地方，生命便能欣欣向荣

三、诚信，是心灵深处最圣洁的鲜花

四、幸福的孩子在"挫折"中成长

五、乐观的人，总能看到最美好的一面

一、自信，是一种美妙的生活态度

↳ 一万个别人也比不上一个你自己

◎ 一万个别人也比不上你自己

美国思想家拉尔夫·沃尔多·爱默生（Ralph Waldo Emerson）说："自信是成功的第一要诀。"健康的灵魂需要自信之火的照耀才能愈显光彩。从来没有一个人的成功是用自卑换来的，而自信就能换来收获和成功。《意林》杂志 2013 年第 1 期中的"一万个别人也比不上一个你自己"这则故事写得很真实，告诉了我们一个关于自信的励志事迹，家长朋友们可以看看：

当自己出版的第二本书送达莉兹·维拉斯克斯的手中，抱着书本，闻着墨香，刚满 23 岁的她不由开心地笑了，虽然她的笑容并不美，甚至像一具龇着牙的骷髅，却充满自信和满足。

是的，不管笑与不笑，莉兹都很丑。这一切，从出生时就注定了，似乎是个悲剧：她早产四周，患有罕见的（目前世界上大约还有另两例）的新生儿早衰综合征，天生缺乏脂肪。看着这个不到 1 公斤的小东西，医生几乎宣布了她的死亡，没想到她居然活了下来，骨骼和内脏全部发育正常，只是永远骨瘦如柴，到了 2 岁的时候，她还只有 5 个月的婴儿那么大。

因为瘦小，普通的婴儿服对她来说都太大了，母亲只能到玩具店买玩具娃娃穿的衣服。目前医学界也还没有能治疗这种病的方法，因为体内缺少脂肪组织，她只能每天每隔15至20分钟就猛吃一顿高热量食物。但就是这样死撑，她成年后的体重最多也只有26公斤。

然而，轻还不算什么，因为没有脂肪，只有一层皮包着骨头，她的眼睛就像灯笼一样突出着，牙齿在一层皮无力的笼罩下也向前突着，脸上、身上到处露出皮下的骨头，干枯的胳膊和腿像四根火柴棍在身上支撑着，棕色的右眼在4岁那年变成蓝色，最后失明了。这样的长相，不管笑与不笑，突然出现在平常人面前，都会像一场噩梦、像恐怖片里的吸血鬼、大头外星人……所以，不管走到哪里，她遇到的不是窃窃私语、嘲笑就是大惊失色的尖叫、奔逃。从小到大，莉兹遭遇的白眼不计其数，她开始不敢出门，怀疑自己是不是有罪的，她到牧师那里忏悔，流泪，向上帝发问，可这些统统不能改变她的外貌，也不能改变别人的眼光，她没有朋友，她抬不起头来。

后来，莉兹学会了上网，没有了自信的莉兹逃到网络上躲了起来。但是，网络也没有她安身之地。那天，她打开邮箱，有封邮件闪动着，她打开一看，信里写着："你这个世界上最丑的女人、怪物，你怎么不去死？你怎么不自杀……"莉兹的眼泪在眼眶里打着转，关掉了邮箱。她又进了一个网站想浏览一下，谁知满论坛都是她的照片和攻击她的语言，这个网站的所有人都认为她是个怪胎，她应该去死。

这个时候，到她进食高热量食物的时间了，母亲高声叫她。她离开电脑，走到茶几前，刚咬了一口巧克力，却突然觉得胃里一阵恶心，"我吃不下去！"她难过得叫了起来。母亲知道了缘由，劝她吃，可是她却怎么也控制不住情绪。

接连三天，莉兹几乎饭也吃不下，不知为什么她一下子成了全美国的名人，每次，她一上网，总能看到潮水般漫天涌来的攻击，那些网上的人就像前辈子就与她有仇似的，几乎所有恶毒甚至下流的语言都被他们用来掷向她。她的眼睛红肿得更大了，随着体重的下降，她开始有些发烧。

愁眉苦脸的母亲终于等到出差回来的父亲。父亲走到床前，对抑郁的莉兹说："你怎么不吃东西？"

她捂着脑袋尖叫起来："不吃不吃我不吃！反正吃不吃我都一样是该死的

人！"父亲不说话，把她拉到电脑上，打开一个个网页，这些网站上自然很多是攻击与嘲笑她的。

她呜咽地说："你看，所有人都在骂我。"父亲点着鼠标，说："这个不是支持你的吗？这个不是鼓励你的吗？"

她的眼泪更加汹涌而出："只有3个人。"

父亲火了："你怎么只看到骂你的5000个人，却没有看到支持你的3个人？就算全世界骂你又怎么样？我和你母亲不是一样爱你？就算有一万个人在骂你，他们能改变你什么？只有你自己才能主宰自己，你自己想做什么就能做什么。一万个别人也比不上一个你自己！"

莉兹怔住了。是啊，别人是别人，自己能做什么是由自己来决定的。那么，就让自己做出点什么来吧。

她给自己定了四个目标：第一是成为一位励志演说家，第二是能出版一本书，第三是考上大学，第四是成立家庭并有一份职业。她不再理会别人说什么，只是专心致志地朝自己的目标努力，终于，她成为得克萨斯州大学奥斯汀分校的学生，她的第二本书《要想漂亮 展现真我》也出版了，她还如愿成了一位激励人心的演说家，在各种场合与媒体上跟大家分享她的思想，告诉相貌丑陋的人怎么走出困境，怎么交朋友，告诉人们面对冷嘲热讽时根本不要在意，那些在网络上嘲笑别人的人才是真正的胆小鬼，所以没有自信在网上展示真正的自己，等他们关了电脑，他们所有的话都只是些闲言碎语，根本没有什么价值。

现在，如果在街上有人用异样的眼神看着莉兹，她会大方地打个招呼，或者上前递过名片介绍自己："你好，我叫莉兹·维拉斯克斯。也许你不应该在这里盯着别人看，而应该多花点时间在学习上。"

莉兹知道自己不美丽，但她觉得这样挺好，这样能让人更直接地看到最真实的自己。她说："我没有理由不自信，我一直在努力，因为对我的人生来说，一万个别人也比不上一个我自己。"

莉兹·维拉斯克斯真是个好样的姑娘。当然，她的成功一方面是她自己的刻苦努力和乐观自信的态度，另一方面是她的父母对她的支持和鼓励。从这个角

度来说，当孩子产生自卑心理时，父母一定要积极地引导孩子，避免孩子越陷越深，甚至走上歪路歧途。那么，怎样才能帮助孩子重拾自信呢？

首先，要学会进入别人的视线。莉兹刚开始很害怕碰见别人，害怕别人对她窃窃私语甚至尖叫，在她眼里这些都是别人对她的歧视和侮辱。尽管她跑到教堂里忏悔也无济于事，以网络来躲避嘲笑也是做无用功，但是当小莉兹在父母的教育下，重获自信，并且为自己定下了四个目标，现在的她会大方地和人打招呼、交流。学会进入别人的视线，别人才能关注你，愿意和你交朋友、做游戏。如果总是一个人待在小角落里，远远地看别人做游戏、玩耍，那么很可能永远都不会有小朋友喊你加入他们的组织。因此，学会进入别人的视线，对于重拾自信是非常重要的。

其次，要保持一颗乐观向上的心，百折不挠。当我们一事无成的时候，也不要往事情的黑暗面想。起初的小莉兹觉得人情过于冷漠，网上大概有5000多人责骂她、羞辱她，但至少还有3个人支持她，鼓励她看到生活中积极、美好的一面。就这样，小莉兹又重新站了起来，还实现了自己心中的梦想。我们可以假设一下，如果小莉兹每天都生活在害怕、恐惧和极端自卑的情感状态中，渐渐地与外界失去联系，只能生活在家庭这个小世界里，她的一生只能是消极、颓废、没有任何意义的一生。

↘ 你可知道自己有个绚丽的影子

◎ 我们的影子是一道彩虹

如果你看到了自己落寞而孤独的影子，请不要悲伤，不要心急，这说明阳光就在你的身后，而伏在地上的那个影子则在阳光的折射下投映出一道亮丽的彩虹。美国著名艺术家吉普森（Jason Ratliff）就曾根据影子和彩虹的结合，画出一套精美的插画作品。吉普森的插画作品一改影子所特有的黑暗和消极，反而为它添上一抹亮丽的色彩，特别是七种颜色的搭配组合，焕发出生生不息的活力和激情，点燃了人们内心隐藏许久而躁动不安的青春气息。吉普森在他的画作《彩虹和影子》出版发行的仪式上说："其实我们每个人的身后都有一个漂亮的影子。我们永远不要怠慢自己、轻视自己。"

吉普森曾经为一位奔波劳累的建筑工人作画，画面上的工人骑着一辆自行车，肩上扛着一条长长的梯子，一只手握着车把手，另一只手则用力支撑着梯子的下半部。工人头发花白，眼睛始终盯向前方。当这位老工人看到自己的影像时，激动得满噙热泪，他一直认为自己的生活很心酸，并且充满重重困难，时常抱怨工作的不顺心。当他看到吉普森笔下的那道彩虹的时候，他说原来他的生活还能如此缤纷，他的工作就是世界上最伟大的工作，瞬间就帮这位老工人重拾了信心，让他看到了生活美好的一面。

教育孩子也是这样。当孩子缺乏自信的时候，需要家长帮助孩子重拾自信。有位叫晶晶的小姑娘曾经就在妈妈的指导下提高了自己的发言能力，并且自信起来。晶晶刚上幼儿园的时候挺活泼的，喜欢和其他的小朋友们一起玩耍。后来有一次在学校组织的小型辩论赛上，晶晶因为没有准备好而遭受到其他小朋友的嘲笑和奚落，从此以后她渐渐变得不爱说话了。即使在课堂上，老师让她回答问题，她都不敢大声说话，生怕自己回答错误引来同学们的耻笑。和其他小朋友的交流、互动也明显少了很多。渐渐地，她开始变得自闭起来，不愿意和任何人说话。晶晶妈妈发觉这一点后，就有意识地训练晶晶。晶晶妈妈经常鼓励、赞美晶晶："我们小晶晶说话的声音真好听，只是妈妈耳朵不好，都听不见呢。晶晶，大点声音，让妈妈听见好不好？"在训练晶晶开口说话的同时，晶晶妈妈也注意和孩子聊一些她感兴趣的东西以引起她发言的欲望。比如，晶晶喜欢看动画片，晶晶妈妈就经常和她交流，问她："晶晶，你喜欢灰太狼啊，还是喜欢喜羊羊啊？"晶晶就会扬起小脸和妈妈争执一番。慢慢地，晶晶喜欢开口说话了，在课堂上也能正常地回答老师的问题了，甚至还在学校又一次举办的辩论赛上获奖了。

自信是帮助我们打开成功大门的钥匙。孩子的内心很脆弱，很容易受到外界环境的影响，同伴们的嘲笑、老师的批评以及家长的责骂都容易使孩子丧失自信。当孩子出现不自信或者自卑心理时，家长应做到以下几点：

1. 多鼓励和赞扬孩子。当孩子出色地完成一件事情的时候，要立即赞美孩子，对孩子说："孩子，你真棒！""孩子，你真聪明。"当孩子没有达到预期的目标时，

也不要急于批评孩子，要耐心地给孩子说明怎样处理，告诉孩子他做得已经很好了。

2. 及时发现并纠正孩子的错误观念。当孩子在比赛中输了后，一般会认为自己过于愚笨，或者是认为自己做得不够好。这个时候，需要家长及时纠正孩子的错误观念，应该告诉孩子一次的失败并不能代表什么，那些都是已经过去的事情了，我们应该把眼光放长远点，争取在下一场比赛中优胜。

3. 用商量的口气让孩子做力所能及的事。让孩子做超出自己能力的事情是不现实的，家长一定要在孩子力所能及的范围内为孩子分配任务。比如，当家长在和孩子一起看书的时候，可以对孩子说："宝贝，把你的笔掏出来，递给妈妈好不好呀？"让孩子去做某一件事情的时候，尽量用商量的语气，这样会使孩子觉得自己是具有服务意识的，而不是在妈妈的祈使、命令的口气下，让自己的存在显得分文不值。

4. 给孩子适当范围内的选择权。把孩子当成和家长一样的成人看待，因为孩子也是具有一定思维能力和行动能力的人，家长不能随便安排他们的吃喝住行，有时候也要征询孩子的意见。比如，当周末带孩子一起出行的时候，可以咨询一下孩子的意见："今天咱们去动物园还是博物馆哪？还有郊外和游乐场可供选择噢，宝贝想要去哪个地方呢？"

➥ 拿别人的地图，怎能找自己的路

◎ 拿自己的地图，找自己的路

每个孩子都与众不同。有的孩子对画画有特殊的感情，有的孩子喜欢音乐的美妙；有的孩子对数字敏感，有的孩子对文字有兴趣；有的孩子语言思维能力高，有的孩子观察能力强。总之，每个孩子都有自己擅长的领域和不擅长的领域，每个孩子的情况都是不一样的。所以，家长在教育孩子的时候一定要注意"因材施教"。

聪聪特别喜欢画画，稚嫩的笔下总是成群的小鸭子、小天鹅和小乌龟。有时候，他还有些创意：他喜欢把孔雀描绘成五彩缤纷的颜色，喜欢把家安在奇幻的海底世界，喜欢在平面的画布上添加一些立体的元素……但是，聪聪的爸爸觉得这些都是小孩子无聊的表现，并不觉得小聪聪在美术方面有什么特殊之处。当小聪聪的爸爸得知邻居家的女孩琳琳刚刚在数学奥数竞赛上拿了冠军的时候，他就急急忙忙给聪聪报各种数学补习班，说是不能再让聪聪浪费时间了，要抓紧时间学习数学。后来，聪聪的数学成绩提高了一点点，但是他的绘画天赋再也没能发挥出来。后来，在同龄儿童的绘画比赛中也是一落千丈，最后甚至对绘画产生了自卑心理。

上面这个案例说明，每个孩子内心都有自己渴望的东西，每个孩子在某一个方面都有可塑之才，父母不能将别的孩子的培养办法施加到自己孩子的身上，拿着别人的地图来找自己的路。试想，如果把钱钟书培育成物理学家，把爱因斯坦培养成文学家，不管付出多大的努力终究是要失败的。儿童教育也是一样，孩子对于自己擅长的事物，总是信心满满；相反，孩子总是害怕或者担心自己所不能驾驭的事情，这个时候自信心明显不足，表现出来的多是自卑心理。家长要做到：弥补孩子的弱势部分，适当地引导孩子，和孩子一起克服弱势难题，同时还要加强孩子的特长培养，孩子有专长并且表现出浓厚的兴趣，培养起来相对容易一些。有些家长为了弥补孩子弱势学科的不足，经常会让孩子一门心思扑在弱势学科上面，故而忽略了对孩子优势学科的加强，得不偿失。总体来说，家长可以做到以下几个方面：

第一，深入了解孩子的优点和缺点。

家长应该首先了解到孩子性格方面的优点和缺点，及时帮助孩子，让孩子在以后的成长道路上少走或者不走弯路。了解孩子各门学科的优势和弱势，及时帮助孩子巩固优势学科，加强对孩子弱势学科的补救与再教育，这样才能真正做到对孩子因材施教。

第二，不生搬硬套别人的教子模式。

适合别人的方式或者方法不一定适合自己，对孩子的教育也是一样。孩子与孩子之间是有差异的，每个孩子都有自己的长处和短处，孩子的接受能力、认知能力和理解能力也有差异，家长可以借鉴别人成功的教子模式，但绝对不能生搬硬套。家长只有根据自己孩子的自身特点和实际情况，采取恰当的教育方式，孩

子的成长才会更加健康、快乐，如果只是生硬地照搬别人的模式追求快速成才的办法，可能会收到适得其反的结果。

第三，对孩子进行个性化教育。

家长要从孩子的本身特点和实际情况出发，有的放矢地对孩子实施教育，使得孩子能够扬长避短，发挥最佳水平，获得最佳的生命状态。孩子的个性不同，家长教育孩子的方式也不相同，别人的教子秘诀对于别人的孩子有效，那是因为对孩子进行个性化教育的结果，这也是为什么很多家长反映成功者的教子秘诀为什么移至自己家庭中就突然失效的原因所在。当然，在对孩子进行家庭教育的时候，可以适当参考别人的教子法则和经验，但是不能生搬硬套，要注意活学活用，因材施教。比如，然然是个很聪明的小姑娘，每次数学考试都能拿到前三名，然然的妈妈总是鼓励然然。但是在学校老师的眼里，然然却是个总调皮捣蛋的孩子，更加让老师头疼的是然然总是不做家庭作业。然然的妈妈从老师那儿了解到这一情况之后，就和然然一起探讨了这个事情，通过分析，然然的妈妈知道然然不想做家庭作业是因为她觉得作业太简单了，而且习题几乎和老师上课时讲述的例题一样，没有兴趣。然然的妈妈和老师及时进行了沟通，说既然孩子对家庭作业的习题不感兴趣，那么您能不能给孩子不做作业的权利呢，在得到学校老师的认可之后，每次放学回家，然然妈妈都会为然然挑选一些具有挑战性的习题，然然很喜欢做并且愿意去做，很有兴趣去做。这就是个性化教育的成效。

➔ 每个人都是被上帝咬了一口的苹果

◎ 被咬了一口的苹果

小时候，听妈妈给我讲过这样一个故事：从前，有一个上帝，他种了一棵苹果树，每个婴儿出生之前都是这棵苹果树上的一只苹果。上帝很贪婪，总喜欢啃苹果吃，但是奇怪的是，他每个苹果只咬上一口。当他看见又大又红的苹果时，总是忍不住张大嘴巴狠狠地咬掉一大块下来。所以，当婴儿出生的那一刻，他本身就是不完整的，他所缺少的就是被上帝咬掉的那一口。

每个人都是被上帝咬了一口的苹果，每个人都有这样或者那样的缺陷。朋友曾经在班上做过这样一个活动：那天，朋友从家里带来一个又红又大的苹果，对小朋友们说："这个苹果漂不漂亮啊？你们想不想立刻得到它啊？"所有的小朋友都大声喊："漂亮！老师，给我！给我！"看着这群欢欣雀跃的孩子们，朋友忽然拿起苹果，张大嘴巴咬了一口。全班的孩子都惊呆了，甚至开始发出遗憾的声音。这时候，朋友又举起这个苹果，说："现在这个苹果还漂亮吗？你们有谁想要这个苹果？"大多数的孩子都说："不漂亮，一点也不好看。"只有少数的几个孩子仍旧举起手，大喊："老师，给我！给我！"这个事例告诉我们，当我们自身有了缺陷的时候，一定不要让缺陷吓走我们的勇敢和自信，我们应该用我们的努力和芳香掩盖我们的缺陷。

世界上有三大怪杰，他们都是身体有缺陷的人。文学家尼尔顿双目失明，音乐家贝多芬双耳失聪，小提琴演奏家帕格尼尼是哑巴。但是他们不安于现状、不屈从于命运，最终以坚强的毅力征服了整个世界。所以，当孩子有某方面的缺陷时，要注意培养孩子的自信心。小明因为一次高烧变成了哑巴，他总是觉得自己低人一头，觉得自己没有伙伴，什么时候都是孤零零的。老师也不喜欢他，同学们老是嘲笑他，有一天，他用手语告诉妈妈说他再也不想上学了，学校里的同学都欺负他，他没有朋友，老师也不喜欢他。后来，这位妈妈就告诉小明说："明明，你可不要丧失了自信啊。你看，你能听得懂同学和老师的对话，还比他们习惯用手语，很多的手语你都懂哦，你比他们学习的东西显然要多得多呢！妈妈永远以你为荣！"小明在妈妈的鼓励下又重新返回了学校，他的勇气和信心使得他很快受到了老师和同学们的欢迎，小明甚至还当了全班同学的手语"老师"，在全市的大型表演赛上，他们共同准备的手语节目《感恩的心》还获得了一等奖呢！

这一刻既是落日余晖，也是旭日高升；这一刻既是夕阳西下，也是朝霞满天。因为当太阳从天际缓缓降落之际，正是它在另一面熊熊燃烧等待着登上山巅布散朝晖之时。拿到儿童教育上来说，不要把孩子身体某方面的缺陷过于放大，应该以最为朴实的心态培养孩子，让孩子的自信和果敢洋溢在心间，以自身的芬芳掩饰身体的不足。

二、爱之花开放的地方，生命便能欣欣向荣

➥ 野蛮产生野蛮，仁爱产生仁爱

◎ 让孩子做个"爱心小天使"

英国社会学家赫伯特·斯宾塞（Herbert Spencer）说："野蛮产生野蛮，仁爱产生仁爱，这就是真理。"教育孩子如何成为一个有爱心的人，野蛮的方法只能让孩子成为一个野蛮的人，仁爱的方法则能事半功倍。

小雪妈妈问小雪说："小雪，爸爸给你买的布娃娃还在吗？"

小雪说："妈妈，在呢。我昨天还抱着她睡觉呢。"小雪一边说，一边跑进了卧室。不一会儿她就抱着布娃娃站在了妈妈面前，说："你看，我的布娃娃多乖呀。她还在睡觉，没有睡醒呢。"

小雪妈妈说："小雪，你看这个布娃娃呀，都脏了呢。爸爸妈妈考虑给你买个新的呢。我们把这个扔掉，好不好？"

小雪一听妈妈这么说，顿时哭了起来："妈妈，我不要，我不要新的。我就喜欢这个，它都陪我这么久了呀，妈妈，我不想扔掉它。它是我的好朋友，妈妈。"小雪用央求的眼光看着妈妈，想要把它留下来。

妈妈看到小雪眼睛中闪动的泪花，立即说："好的，好的。我们不扔掉它，

它是小雪的好朋友呢，陪伴了小雪这么久，怎么能说扔就扔呢？呵呵，这都是妈妈的错，妈妈给小雪道歉了啊。你看，布娃娃的针脚都开裂了呢，让妈妈给它换上一身新衣服吧，咱们再给它洗洗澡，好不好？"

小雪立即转哭为笑，说："好呀好呀，我也要把布娃娃培养成一个爱心小天使。哈哈。"

小雪妈妈充满智慧，她教育小雪要拥有爱心的事件具有典型性，这就是"仁爱产生仁爱"。我们可以用同样一个例子，让小雪妈妈换一种语言方式和态度，看看小雪会有怎样的表现：

小雪妈妈问小雪说："小雪，爸爸给你买的布娃娃还在吗？"

小雪说："妈妈，在呢。我昨天还抱着她睡觉呢。"小雪一边说，一边跑进了卧室。不一会儿她就抱着布娃娃站在了妈妈面前，说："你看，我的布娃娃多乖呀。她还在睡觉，没有睡醒呢。"

小雪妈妈看到小雪抱着的布娃娃，就说："天哪！快点扔掉它！都那么脏了，你还把它当个宝贝！快点去扔掉它！过几天，妈妈给你买个新的！"

小雪一听妈妈这么说，顿时哭了起来："妈妈，我不要，我不要新的。我就喜欢这个，它都陪我这么久了呀，妈妈，我不想扔掉它。它是我的好朋友，妈妈。"小雪用央求的眼光看着妈妈，想要把它留下来。

妈妈看到小雪眼睛中闪动的泪花，更是气不打一处来："用得着为了一个破布娃娃哭鼻子吗？再说，那个布娃娃都脏成那个样子了，让人看着就恶心，让人没一点心情！旧的不去，新的不来！有感情怎么了，有感情又不能当饭吃！快点扔了去！"

可想而知，在这样一个"暴力"妈妈的教育下，小雪会变成什么样子，也许小雪最终会变成一个没有爱心、处事冷漠的人，即使和同学在一起，也会变得如同陌路人一样，这就是所谓的"野蛮产生野蛮"。

现在的社会上充斥着各种负面信息，给孩子的人生观、世界观、价值观带来了很大的冲击，孩子的世界变得冷漠而暴力。家长必须有意识地努力通过有效的培养孩子的方法取代负面信息的影响，请教会我们的孩子爱与仁慈，请以父母之爱让孩子亲身体会到爱的力量和爱的传递，请给孩子创造温馨的家庭环境让孩子感受到爱的真谛，请帮助孩子树立起正确的价值观，让孩子把爱心的火种传递下去。

➡ 做花的事业，把花香传给别人

◎ 学会感恩，是孩子一生受用的品质

现代家庭中一般以独生子女居多，他们在家的地位可谓是"位高权重"，是父母和长辈的"掌上明珠"。全家一切以孩子为中心，孩子一直扮演着被宠爱的角色。久而久之，孩子们认为这种宠爱都是理所当然的，在生活中只知道索取，不知道回报，从来不考虑要去感恩别人，甚至连一句"谢谢"都不会说出口。因此，教孩子学会感恩是一件非常重要的事情。

感恩是一件美好的事情。当我们对帮助我们的人说"谢谢"的时候，既表达了我们对别人工作的认可和赞扬，同时也显示出了自己的涵养与品行，这也是人际交流中不可或缺的因素。只有学会感恩，才能担当责任；只有学会感恩，才能体会亲情、友情；只有学会感恩，才能更好的回报社会。对孩子的教育应该从知恩、懂恩开始。

家长要帮助孩子树立感恩意识。不懂得感恩的人，他的灵魂里就缺少彩虹，人生的杠杆是精神，支点是感恩，懂得感恩的人往往能散发出无穷的能量，更容易获得成功。

小丽的妈妈为了给小丽过一个有意义的儿童节，就邀请了平时要好的几个朋友带着孩子到小丽家来玩。客人走后，小丽就一直撅着嘴，不愿意和妈妈说话。

妈妈问她："小丽，怎么这么不开心呢？是不是哪里不舒服啊？"小丽顿时冲着妈妈大吼起来："我的小伙伴到咱家来做客，你怎么把我的玩具都给他们玩？我不想让他们玩。还有，做游戏的时候，你怎么那么笨啊，最后输了多丢人……"

妈妈一边收拾满地狼藉的东西，一边说："小丽，妈妈一个月前就帮你策划儿童节的事情了，你知道妈妈费了多少心思请小伙伴们来吗？你怎么一点礼貌都不懂，一点都不懂得感恩呢？"小丽回应妈妈道："你做得那么不好，我还要感恩吗？"妈妈说："即使你不满意，但是你知道了妈妈的辛苦后，还不懂得感恩吗？"小丽说："我不觉得有多么辛苦啊。我为什么要感恩？"

这是典型的缺乏感恩意识的案例。其实，这样的案例在中国独生子女家庭中非常普遍。孩子们在家中的核心地位一旦形成，他们就觉得自己所得的一切都是理所当然的，父母的艰辛劳苦也都是必须的，他们没必要感恩，更没必要对父母的养育之恩作出任何回报。这种想法是非常可怕的。当父母为了孩子奔波劳苦的时候，孩子不但没有感恩之情，反而抱怨父母的点滴过错，这既是不礼貌的表现，也是不尊重人的表现，更是没有感恩之心的表现。培养孩子学会感恩，孩子的内心才能够丰盈充实，才能有博大的爱，未来的人生才会丰富多彩。

家长要以身作则，让孩子亲身体会感恩。有时候，家长的一些细节没有做好，也会带坏孩子，使孩子不懂得感恩。

丁丁妈妈买了一箱进口的玫瑰香苹果，因为价格稍贵，家人就都留给丁丁吃。当丁丁的爷爷到丁丁家的时候，丁丁妈妈对丁丁说："丁丁，快，去给爷爷拿一个苹果吃。"结果丁丁就是不同意拿苹果给爷爷吃，不仅不肯，还大哭大闹。妈妈对丁丁说："丁丁，爷爷平时给你买那么多的玩具和零食，还天天送你上学，接你回家，你怎么不懂得感恩呢？"丁丁说："那是爷爷自己愿意。"后来，气急败坏的丁丁竟然把每一个苹果都咬了一口，说："现在这些苹果都是我的了，你们谁也别想吃。"

这个案例中丁丁妈妈的行为有不当之处，她不应该给孩子创造这样的家庭环境：好吃的东西都让丁丁一人独占，只有当长辈在场的情况下，才让丁丁分享。这个教育模式无疑存在很大的问题，对孩子将来的成长很不利。

↘ 同情心，让孩子因感动而行动

最近，网上有关大学生命案的报道有很多。复旦大学的饮水机投毒案、南京航空航天大学金城学院的争执事件等引起人们关于同情心的思考：现在的大学生怎么会如此残忍、冷酷无情，孩子们的同情心都到哪里去了？带着对这一问题的思考，我回想起《光明日报》曾对孩子同情心的调查。调查指出，北京的一批幼教专家到一所幼儿园做心理测试。专家们问孩子："我们试着想一下，如果我们面前有一个小妹妹，她发了高烧，冷得直哆嗦，你们愿意把自己的外套借给她穿吗？"专家问完，发现孩子们沉默不语，似乎没有要发言的意思。后来，专家们不得已开始点名询问。第一个孩子说："我不借给她穿。她发烧了，肯定是生了病。万一把病传染给我了，那爸爸妈妈还得花钱给我看病，我还要忍受病痛，我不借给她穿。"第二个孩子说："我也不借。她要是把我的衣服弄脏了，那可怎么办呀？"第三个孩子说："我也不借。她要是占为己有，不把衣服还给我怎么办。"结果，超过半数的孩子找出了各种各样的理由来说明自己不会借衣服给小妹妹穿。

我们不禁会问，孩子们的同情心都到哪里去了？

什么是同情心？法国启蒙思想家孟德斯鸠 (Montesquieu) 说："同情是善良心地所启发的一种感情的反映。"同情心就是一个人对他人的遭遇而"感同身受"，并且产生强烈的感情共鸣，具体表现为不忍、理解和亲近等。培养孩子的同情心，妈妈要注意以下几点：首先，要在适当的环境积极引导孩子。比如：

有一次，蓝蓝从一堆旧物中翻找出来一只盒子，上面有精美的雕花和镏金的颜色，在太阳底下非常漂亮。只不过因为曾经摔掉过几次，盒子的四角都已经磨出了内里的米黄色，看起来脏脏的。也许是蓝蓝从来没有见过这样的盒子，她一直爱不释手，到哪都拿着。蓝蓝妈妈看到孩子对一件这么破旧的东西还这么有爱心，于是就对蓝蓝说："蓝蓝，妈妈给你讲讲这个盒子的来历吧。"当听到盒子曾经被无数次摔掉的时候，蓝蓝睁大眼睛问妈妈："妈妈，你说盒子会不会疼啊？我们一起给盒子揉揉好不好？"蓝蓝妈妈知道孩子富有同情心，不禁会心一笑。

另外，家长也要以身作则，有意识地培养孩子的同情心。和孩子一起外出的时候，正是手把手教育孩子的好时机。下面这位妈妈就是这样做的：

莉莉和妈妈一起出去逛街，她们只需要沿着路直走10分钟就可以到家了。但当她们路过一个十字路口的时候，看见一位颤颤巍巍的老奶奶正在斑马线上等绿灯。莉莉看见这种情形，就对妈妈说："妈妈，你看，那位老奶奶年纪都那么大了，怎么一个人在街上啊？怎么没有人帮助她？"妈妈听到孩子这样说，就拉着孩子说："莉莉，我们去帮帮老奶奶好吗？"于是，莉莉和妈妈就搀扶着老奶奶，一直把老奶奶送到马路对面。然后她们又再次返回马路对面，回了家。

家长培养孩子的同情心，要认真观察孩子的语言和情感表露。有时候，孩子刚刚吐露出的心声，只要妈妈适时引导，就能帮助孩子建立起同情心。

↘ 与阳光一路同行，让责任常驻心间

◎ 有责任心的孩子才有未来

现在的孩子一般都是独生子女，孩子在家长和长辈面前都扮演着受宠的角色，使得孩子越来越养成以自我为中心的毛病，缺乏责任感。责任心不仅仅是一种品格，更是一种道德素质和心灵净化器。没有责任心的孩子总是觉得事不关己，对身边发生的事情不放在心上，甚至在自己犯的错误面前也不承担责任，这样的孩子到了社会上也将被社会大潮所吞噬。总之，有责任心的孩子才有未来。

朋友曾给我讲过这样一件事：

　　玲玲是一年级的学生，一般在下午五点钟的时候放学回家。一天，玲玲的爸爸在学校门口等玲玲，发现并没有学生从教室出来。通过向其他家长打听才知道，原来玲玲所在的班级今天要大扫除，可能比往常晚半个小时回家。于是，玲玲的爸爸就一直待在学校门口等着接玲玲回家。半个小时过后，其他小朋友都陆陆续续地从校园里出来了。可直到校园里的人都走光了，他也没等到玲玲。后来，他就打电话回家询问玲玲是否已经回家，电话那头的玲玲妈妈说道："我刚下班，玲玲说她是正常放学回来的呀。"玲玲爸爸听到玲玲妈妈的话，顿时明白了：原来全班的大扫除，玲玲并没有参加。当玲玲爸爸到家询问玲玲为什么不参加学校的大扫除活动的时候，玲玲说："那种活又脏又累，谁愿意干谁是傻子。我刚开始装模作样地干了一会儿，趁同学们一不留神，我就逃出来了。"玲玲的爸爸这才意识到问题的严重性，教育玲玲说："玲玲，你知道吗？这样是不负责任的表现啊。你想想，如果你是老师，当你发现一个孩子为了逃避干活，中途逃跑了，你会是怎样一种感受呢？"玲玲听了之后，说："我会不高兴的。爸爸，我错了，我明天一定给老师和同学们道歉。"

　　通过这个事例，玲玲开始明白责任心的重要性。一个人如果连对自己都不负责，很难对别人负责。因此在对孩子的教育中，家长要明确这几点：首先，在家长明确划分的范围内，孩子要对自己的行为负责。如自己的玩具自己要收起来；答应别人的事情要做到；不随地乱扔东西；自己要做的事情必须自己做，不能让别人帮你收尾；犯了错误要勇于承认错误、敢于承担责任。在这个环节，家长不能事事包办、代替。家长必须明白，如果事事为孩子计划、包办，无法锻炼孩子，同时这也是家长职权的"越俎代庖"。

　　其次，可以采用适当处罚的办法让孩子明白责任的重要性。比如，孩子忘记了学校老师布置的家庭作业，用完东西没有放回原处，没有把玩具收拾好等，家长都可以采取适当的小处罚让孩子明白他这样的做法是不对的，然后告诉孩子应该怎么做。家长在采取处罚的时候，一定不能打骂孩子，要以温和的态度和言辞来熏陶、感染孩子。

三、诚信,是心灵深处最圣洁的鲜花

↳ 长大了，请给予充满信任的爱

◎ 给予孩子爱和信任

世界上的爱有很多种，有无微不至的呵护，有大胆放手的洒脱，有大手笔的浓情，有小写意的画意，有信任的爱也有不信任的爱。爱，有时候可以爆发出惊人的力量，创造无数的潜能，有时候也会激起心中的欲望，变成一个冷冰冰的恶魔。爱，是一门博大精深的学问。怎样去爱，如何平衡爱的分量，什么是信任的爱，什么是不信任的爱，都需要家长穷尽一生来学习。

就拿邻居家的例子来说吧。邻居家有一个女孩子，活泼可爱，今年刚刚九岁。孩子独立自主的能力很强，喜欢自己的事情自己做，比如她经常会自己洗自己的脏衣服，这本来是一个很好的生活习惯，可是她的妈妈总是觉得孩子太小，害怕洗衣服会累着孩子，另外还担心孩子衣服洗得不干净，总是在孩子洗好衣服之后，就对孩子说："你以后不要再洗衣服了，洗不干净不等于白洗了吗？以后这种活儿，就让妈妈来干，你还是抓紧时间学习吧。"三番五次之后，孩子觉得自己似乎什么都做不好，而且妈妈也不信任自己，渐渐养成了懒惰的坏毛病。

有些父母，总觉得孩子还是那个尚在襁褓中的小婴儿，总是担心孩子在外面吃坏了东西、结交了坏朋友，担心孩子睡眠不足、营养缺乏，担心孩子玩耍危险

的游戏，于是就明令禁止孩子在同学家留宿，禁止孩子和同学一起到外面的地方玩耍，禁止孩子玩各种游戏，孩子每结交一个朋友，家长都要反复询问，最后孩子不再和朋友往来。这样会使孩子感觉到自己不被信任，不愿意再去结交朋友或者出去玩耍，把自己的世界禁锢起来，同时也形成"外面的世界很危险"的观念。这些父母，名义上是爱孩子，结果却是不信任孩子，害了孩子。

有些父母，总是觉得孩子还小，自己应该为他提供更好的生活条件，孩子的课外培训和孩子的日常起居，父母们都要打理好。不让孩子洗衣，不让孩子做饭，不让孩子打扫房间，不让孩子接触任何电器，不让孩子玩电脑……这些全部都由父母代劳。有时候，几位家长聚在一起，相互攀比自己为孩子做了多少事情，俨然把这些"代劳"作为自己对孩子无私的爱的"资本"，但是家长也应该意识到这一点：这些其实是你不信任孩子的表现。

孩子长大了，想象的空间和视野都随之变大了，不能再把孩子禁锢到一个小圈子里，应该给予孩子充分信任的爱，让孩子学会料理自己的正常起居，让孩子尝试自己结交朋友，让孩子了解信息时代的科学技术。孩子长大了，请放开手脚，给予孩子充满信任的爱吧！

➘ 父母以身作则，孩子不令而行

◎ 父母要做孩子诚实守信的榜样

很多家长喜欢讲述"曾子杀猪"和"狼来了"的故事教育孩子要诚实守信。然而，不少家长对孩子说过的话、许下的诺言总是被抛到九霄云外，不能兑现。当孩子问起这些时，父母就会装糊涂或者是百般抵赖，将自己的承诺推得干干净净。

有些家长并没有做好孩子诚实守信的榜样。倩倩的妈妈想要带倩倩去北京看园博会，让孩子增长见识。因为不是周末，倩倩的妈妈和爸爸为给孩子请假的事儿犯了难。后来，他们统一了口径，说是倩倩发烧了，不能到学校上课，要回家治疗，就顺利地向老师请了一个星期的假。事后，倩倩的妈妈发现孩子总是说谎。

这件事给我们很大的教训：父母是孩子的第一任导师，是孩子行为习惯和品格形成的直接播种者。父母必须要以诚信的榜样来教育孩子才能起到事半功倍的效果。要想教育孩子诚实守信，家长必须在生活的细节上、小事上处处留心，带头讲诚信。除了在生活和工作中做到诚信待人、不撒谎之外，还要注意在平常与孩子沟通交流的时候，不糊弄、不随意，让孩子真正地从内心接受诚实守信的品质。孩子的心地往往是最天真和最善良的，他们常常对父母说的话坚信不疑。但是，大多时候父母们都不珍惜孩子的信任，反而常以不诚实的心态来应对孩子。怎样才能做孩子诚实守信的榜样呢？

首先，父母不可对孩子随意许诺，如果许诺请兑现。

父母不能事事都对孩子作出许诺。如果父母事事都对孩子作出许诺，就会大大减少许诺带给孩子的刺激性，孩子就不再把许诺当成维持自己进步的阶梯，容易造成孩子泄气、懊恼的后果。如果父母对孩子作出了许诺，一定要注意实现自己的诺言。如果迫于客观条件无法满足要求，就要及时和孩子沟通来说明诺言无法实现的原因，从而获得孩子的理解。就像美国儿童心理学家罗达·邓尼说的那样："如果父母错了，或违背自己许下的诺言，能及时向孩子说声'对不起'，那么，可以帮助孩子建立自尊，同时能使孩子学会尊重别人，养成守信的习惯。"

其次，父母应该多许精神承诺。

一般来说，父母都喜欢给孩子许下物质上的承诺，比如说孩子考到全班前几名，就答应给孩子买新衣服、买好玩具、买画册、买零食等。父母给孩子许物质承诺的弊端一方面在于会使孩子过于追求物质生活，甚至会养成物质至上的不良习惯；另一方面会激发孩子的欲望，可能会向贪得无厌的方向发展。所以，家长应该多向孩子许精神承诺，比如孩子喜欢听故事，就可以给孩子许诺讲故事听等。

最后，要正确对待孩子的说谎行为。

孩子的说谎行为可以分为有意说谎和无意说谎两种。所谓"有意说谎"，是指孩子为了达到某种目的，有意识地掩盖自己的错误，从而瞒天过海，这是一种有意识的欺骗行为。所谓"无意说谎"，是孩子在没有特定目的的情况下一种下意识的行为。父母发现孩子有说谎行为的时候，要注意考虑到这几个方面：确定

孩子是否真的在说谎；了解孩子说谎的动机；对孩子说谎的行为进行适度的惩罚。

↘ 最好的花匠是捧空花盆的孩子

◎ 诚信是最美丽的花

英国的一句俗语，"诚信出黄金，因为黄金比诚信更容易得到"，揭示了诚信的重要性，也揭示出诚信的难得。诚实是最美丽的花，人民教育出版社一年级下册读本的教材中就讲述了一个"手捧空花盆的孩子"的故事：

从前，有个老国王没有儿子，所以想在全国挑选一个孩子继承他的王位，可是，哪个孩子最适合当国王呢？他想啊想，终于有了一个主意。

有一天，国王把全国的孩子都召集起来，发给每个孩子一粒花籽和一个空花盆，要他们种一盆花。三个月后，谁种的花最美丽，谁就会成为国王的继承人。其中有个孩子叫雄日。他回家后，把花籽种在花盆里，天天浇水。可是日子一天一天地过去了，花盆里什么也没有长出来。雄日换了一个花盆，又换了一些土，把那粒花籽种上。可是两个月过去了，花盆里还是没有一点动静。

三个月的时间很快过去了，全国各地的孩子又聚集到王宫前，他们手中的花多么美丽啊！可是国王一个个看过去，脸色却越来越阴沉。国王走到了雄日的跟前，停下来，问道："孩子，你怎么捧着空花盆呢？"雄日伤心地说："我把种子种在花盆里，用心浇水，可是种子怎么也不发芽。"这时，国王终于笑了，对雄日说："你就是我要找的孩子，我要让你做将来的国王！"所有的孩子都惊呆了。

原来，国王给孩子们的花种子都是煮过的，所以不会发芽，更不会开花。有些孩子发现花盆中的种子不发芽时，就把种子换了，还有一些孩子干脆把另一盆花移到了自己的花盆里。只有雄日捧着空花盆来见国王，所以他是诚实的孩子。

相信这则小故事能给家长很大的启发。诚信是人最美丽的外套，是最圣洁的鲜花。没有任何花香能抵挡得住诚信的芬芳。孩子的教育必须从诚信抓起。如果孩子失掉了诚信的品质，那么别人就再也不会相信他了，将来在社会上也没有立足之地。那么如果孩子说谎了，家长该怎么办呢？下面我们就将讨论这个问题。

↘ 说谎不可怕，就怕父母不在意

◎ 父母轻松应对孩子说谎

孩子出现说谎行为的时候，父母不必过于担心。这是孩子在某个年龄段心理发展过程中的反应，也是智力发育过程中偏离正常轨迹的时刻。在这个特殊时期和关键时刻，需要父母对孩子作出正确的引导。

父母要把孩子的谎言与大胆想象区别开来。小孩子的思想还不成熟，思维模式还不健全，经常会说一些不着边际的话，甚至是大胆的凭空想象，他们通常具有天马行空的思维逻辑。比如，当孩子们聚在一起的时候，就会相互吹牛，一个说："今天我们家买了一条鱼，那么那么大，连屋子都放不下了。"一个说："今天我在动物园里看到了一只比大象还要大的蚂蚁。"虽然他们所说的内容远远偏离了现实生活轨道，但是这是发挥想象力的结果，与孩子的道德品质无关，并不是说谎行为。

当父母发现孩子出现说谎行为的时候，应该尽可能地了解孩子、理解孩子并尊重孩子。第一，要找出孩子说谎的原因。大多数孩子说谎是不想做应该做的事情，或者害怕遇见某件事情，或者害怕对方发火，就选择花言巧语以期骗过朋友、同学或者父母。这个时候，父母可以采用奖赏和鼓励的办法让孩子说出事实真相，避免孩子用另一个谎言来圆这个谎言，避免孩子越陷越深。当孩子在奖赏和鼓励下说出实情的时候，家长注意要实现诺言，不要因为孩子的谎言而伤害了

孩子幼小的心灵。

第二，适度责罚孩子。孩子总要为自己的撒谎负起责任，父母可以适当地给予孩子一定的惩罚。惩罚的内容、形式都应该以教育孩子为目的，可以是自我谴责、重新完成任务、采取有效的补救措施、向对方道歉等，以期唤醒孩子内心的责任感，让孩子勇于承担责任，明白说谎的危害。在对孩子进行惩罚的时候，父母一定要把握好分寸，不能打骂孩子，否则孩子就会因恐惧和害怕认识不到事情的严重性，甚至产生逆反心理。

第三，要进行家庭教育的反思。孩子的说谎行为有可能与家庭教育的不当有关。父母可以考虑自己是否给孩子创造了温馨和谐的家庭环境，是否在生活和学习中注意关心孩子。家庭中的不和谐因素以及对孩子的不关心都会给孩子内心带来阴影。孩子是可怜的，我们经常教育孩子不要说谎，但是有时候孩子会因为恐惧而不得不说谎。比如，父母对孩子的期望值很高，因为一次偶然的失误，孩子的数学没有考好，孩子害怕受到父母的责备而不敢说实话，这样的例子有很多。所以，当孩子出现说谎行为的时候，父母要反思自己有没有过失和忽略之处，以便及时帮助孩子树立诚实守信的道德标杆。

四、幸福的孩子在"挫折"中成长

➲ 挫折和失败，让生命化蛹成蝶

◎ 与挫折握手言欢

"挫折"，就是人们进行某种有目的的活动时，遇到干扰和障碍，进而遭受到失败的一种心理状态，俗话说就是"碰钉子"。在人生的道路上，没有谁的生活是一帆风顺的，也没有谁的生活充满万般磨难，而引起挫折的因素是多方面的，又没有谁能够避免挫折，这就注定了在我们的生活中，遇到挫折是在所难免的。

既然挫折不可避免，我们应该以怎样的态度对待它呢？以前在杂志上看到的一则小故事，或许可以帮助我们回答这个问题：

一场大雨过后，一只蜘蛛艰难地向墙壁上已经支离破碎的网爬去。由于墙壁刚刚被雨水冲刷过，又湿又滑。蜘蛛爬到一定高度，总会掉下来。但它没有放弃，重新再来，于是当它爬到一定高度的时候，又重重地掉下去……就这样，蜘蛛一遍一遍地爬，又一次次地掉下去……

有三个遭受事业失败的年轻人正巧看到了蜘蛛向上爬的整个过程。

第一个人深深地叹了口气，使劲摇了摇头，说："我的生命不正像这只蜘蛛一样吗？不管怎样努力，结果都是挫折和失败，这样坚持下去还有什么意义啊？

终究是注定无望了。"

第二个人无奈地笑了笑，说："这只蜘蛛可真够愚蠢的，明知道那边的墙壁又湿又滑，为什么不懂得变通一下，从旁边的墙壁开始爬起，再绕回蜘蛛网不就得了。就像我的事业一样，虽然遭受了挫折，但是总会有解决办法的。"

第三个人被蜘蛛不屈不饶、坚持到底的精神所感动，立志要闯出一份事业。

几年之后，第一个人一生碌碌无为，第二个人虽一事无成，但终有生活的信心，第三个人成就了一番大事业。

这个世界上，聪明人有很多，而成就大业的人少之又少。多数人在遭受到几番挫折之后，就会萎靡不振，对生活失去信心，甚至开始怀疑人生。实际上，挫折和失败作为通往未来事业大道的绊脚石，它磨炼我们的不只是心态，还有毅力、意志力和持之以恒的坚持。当我们面对挫折和失败的时候，应该感谢上天又给了我们一次锻炼的机会，不要气馁、灰心丧气。与挫折、失败握手言欢，成功就在眼前。

➡ 挫折教育是孩子成长的阶梯

◎ 挫折教育不可少

独生子女在家里总是受到父母和长辈的宠爱和溺爱，家长总是想方设法为他们排除障碍和干扰，为他们提供安逸舒适的环境。在这种家庭教育模式下，有相当数量的孩子在生活和学习中遇到挫折和困难时，不知道如何应对，耐挫能力差，承受能力差。

家长们普遍反映，在这种家庭教育模式下成长的孩子往往自我感觉良好，自尊心和自信心很高，一旦有某种困难和挫折摆在他们面前，他们就会变得手足无措，大致会有两种极端反应：一是从高度自信的状态转变为极度不自信的状态，会觉得别人为什么都能做好，反而我自己什么也做不好，进而将受挫和失败的原因归结到自己的身上。二是孩子以自我为中心，仍旧自我感觉良好，认为失败的原因不在于自己，而在于和自己相关的外部环境因素。

在家庭教育中，可以采取适当的挫折教育来帮助孩子成长。所谓"挫折教育"，就是让孩子在受教育的过程中遭受挫折来激发孩子的潜能，以达到让孩子掌握知识、懂得方法、获取优良品质的目的。针对不同年龄段的孩子有不同的挫折教育法，针对幼儿阶段的孩子，家长应该注意以下几点：

第一，教会孩子自己的事情自己干。尽量让孩子离开父母的保护圈，放开手脚，教会孩子自己的事情自己干。家长可以有意识地教孩子怎样穿衣、吃饭，尽量让孩子自己动手。在这个过程中，孩子肯定做得不够好，家长一定要学会慢慢等待，相信孩子一次比一次做得好，不要怕麻烦，让孩子反复做，让孩子在自己动手的过程中享受吃饭、穿衣的乐趣，掌握一定的方法和知识。

第二，加强孩子的体能训练。"身体是革命的本钱"，个人的成功、失败和身体的健康与否相关联。体能锻炼应该从幼儿抓起。家长可以每天清晨带着孩子外出散步，利用节假日到公园、郊外游玩，体会艰辛和快乐。

第三，可以适当批评孩子，利用奖惩措施激励孩子家长可以采取有意识的忽略、批评孩子，让孩子体验挫折感。比如，家长和孩子做游戏的时候，不要总是让着孩子，可以有意识地让孩子输掉几次，不要每次都让孩子当主角，让孩子体验失败的感觉。或者，给孩子制定一个任务目标，根据孩子的完成情况，给予孩子一定的奖惩措施，让孩子在体会成功与失败的过程中，学会自我调节和控制。

在孩子的小学阶段，家长要在尊重、保护孩子的个性的前提下，针对孩子设置挫折教育模式，比如：

第一，传授挫折教育思想。小学阶段的孩子，已经具有了一定的分辨能力、承受能力和独立思考的能力，这个时候家长应该传授给孩子关于挫折和失败的人生道理。告诉孩子，在人生的道路上，挫折是不可避免的，人人都会遭受大大小小的挫折，但在遭受挫折的时候一定不要灰心丧气，要想办法解决困难，懂得坚持，这样才有可能获得最后的成功。

第二，有意识地为孩子创设受挫环境。家长可以带孩子出门逛街、逛公园，

试着让孩子一个人坐公共汽车回家；当孩子打伤了别的同学的时候，让孩子自己想办法解决。当然，在为孩子设置受挫环境时，应当考虑到各种突发情况，告诉孩子一些应对措施，避免孩子在受挫环境中受到意外伤害。

➥ 从哪里跌倒，就从哪里爬起来

◎ 坎坷人生路

《阿甘正传》中阿甘有一句经典的台词："人生就像是一块巧克力，你永远不会知道你会尝到什么味道。"人的一生不知道要经历多少的艰难困苦和磨难，很多事情都是在无法预料中发生的。2012 年 4 月 13 日，智新超越教育在一次家长沙龙中举办了一场以"坎坷人生路"为主题的亲子活动。活动内容是这样的：

一间教室里面摆满了东倒西歪的凳子。首先，用一块看不见光线的黑布将孩子的眼睛蒙起来，由家长搀扶着孩子从一扇门开始行走，越过放倒的凳子等重重障碍，走到另一扇门。反过来，再让家长戴上眼罩，由孩子搀扶着家长也从一扇门走向另一扇门。

在活动中，发现很多家长搀扶着孩子的时候，都大声喊着："芳芳，小心点，别让凳子碰到你！""小雪，对，跨一大步，要大点啊！""玲玲，慢点，脚稍微往前移一点点就行了，对，对！"不少家长一边大声喊，一边紧紧握住孩子的手，那些有力量的双手几乎成为孩子前进的"方向盘"，有些家长甚至将孩子抱了起来助孩子一步跨越障碍。教室里喧闹的声音不绝于耳。只有一位妈妈不是这样做的，她完全放开孩子的双手，只是在不停地告诉他，"前面是一只侧倒着的凳子，凳子腿儿朝着你的方向，脚步放慢点，跨步小一点"，"右边有一只平放的凳子，凳子腿儿朝外，跨一大步"。只见这个孩子在妈妈的引导下很顺利地跨越了一个又一个障碍，突然，孩子因为落脚的时候没有站稳，重重地跌倒在地上。这时候，这位妈妈仍然心平气和地告诉孩子："铭铭，从哪里跌倒就从哪里站起来。你看，我们已经成功了一大半啦。"孩子听到妈妈的鼓励，马上站了起来，最终完成了活动内容。

这个事例中铭铭的妈妈的确给了孩子较为正规的挫折训练：行走的人都有跌倒的可能。人生道路的坎坷，是我们不能预测的；人生道路的艰难，也不是我们能够预测的。当跌倒之后，有的人因为害怕前方道路的艰辛就停留在原地，有的人因为憧憬前方道路的美好而继续前行。那些停留在原地的人只能远远地望着前方，只有继续前行的人才能享受前方的成功。

↘ 宝贝，再试一次就会出现奇迹

◎ 爬起来，再试一次

当孩子做某件事情失败的时候，家长应该鼓励孩子，告诉孩子："再试一次，奇迹就会出现。"《怎样做·好父母》丛书中讲述了这样两个事例：

小华的爸爸是个跳高运动员，在爸爸的影响下，小华也喜欢上了跳高。爸爸下班回家后，每天晚上还要在自家门前的空地上搭一根横杆，练习跳高。小华也跟着跳。爸爸看他有兴趣，便辅导小华练习。可横杆每升高一点儿，小华就会把横杆碰掉。爸爸便对他说："不要紧，再试一次！"就这样，当小华长到 12 岁时，他跳过的横杆高度已提高到他的肩膀上了。

有一个孩子喜欢折纸花，每当他做完作业后，就喜欢拿一些废纸片折纸花玩。有一次，他把一张废纸片裁开，折出了好几种不同的纸花。当他把这些纸花折开后，再想折出刚才那几种花形时，却再也折不出来了。当他心烦意乱地想撕掉这些纸片时，恰巧被妈妈发现了，就对他说："再试一次，说不定还会比前一

次折得更好。"并告诉他说，"你很喜欢折纸花，就一定能折出天下最好看的纸花来。妈妈相信你！"

孩子从出生的时候起，就在不断的学习和探索中，因为这个世界对他来说，既是新鲜的又是陌生的，相对于人类社会和大自然界来说，自己什么也不会。从孩子咿呀学语、蹒跚走路开始，孩子都是在克服重重困难和障碍中度过的；当孩子还不会说话的时候，尽管孩子仿照父母的口型和发音说话，还是说得不太清晰，父母都会耐心的告诉孩子"再试一次"、"再来一遍"，慢慢地，孩子就从这些"再试一次"、"再来一遍"中学会了说话，后来也学会了走路、跑步、吃饭、穿衣。当孩子渐渐长大，在人生的道路上遇到了艰难和挫折的时候，一定不要畏惧挫折，应该有直视挫折的勇气，在父母的鼓励下，找到自己的方向，一步步向目标靠近。

五、乐观的人，总能看到最美好的一面

↳ 孩子，冬天来了，春天还会远吗

◎ 乐观的孩子最有潜力

开朗乐观，不仅是一种心理状态，也是一种优秀品质。据调查，开朗乐观的孩子相较于悲观的孩子心理更健康，未来婚姻生活也更加幸福，在事业上也容易获得成功。所以，从小培养孩子的乐观心态是孩子茁壮成长的基石。

《经典励志故事 200 篇》里讲了这样一个小故事：

有一对兄弟，老大叫汤姆，老二叫杰克。汤姆性格积极乐观，而老二杰克的性格消极自卑。他们的爸爸曾做了一个试验，他让杰克独自待在一间装满玩具的房间里，让汤姆待在一间堆满牛粪的屋子里。

过了一会儿，他去查看，发现性格悲观的杰克正坐在玩具堆上哭个不停，就去问他为什么，杰克说："爸爸你给我拿了这么多玩具，我不知道该从哪一个开始玩。"

爸爸将他哄好后便去看汤姆，他发现汤姆正在非常开心地用一根枝条翻着牛粪，当他看到爸爸来了，就兴奋地问："爸爸，你快告诉我，你把玩具藏到哪堆牛粪下面了？"

乐观是一种健康的性格倾向，乐观的人总是能看到事物有利的一面，期待对自己有利的结果。悲观的孩子总看到事物最不利的一面，怨天尤人，较为严重的悲观患者还可能会患上抑郁症。关于悲观患者有可能转化为抑郁症，并不是耸人听闻，世界卫生组织 (WHO) 早在 20 世纪 90 年代就作出预言：21 世纪的地球公民，要面临着吞噬生命的三大疾病——抑郁症、癌症与艾滋病。所以，家长们对孩子乐观心态的培养不能掉以轻心。

在培养孩子乐观心态的时候，家长要注意以下几点：

第一，帮助孩子宣泄情绪。研究发现，当孩子在感到安全、有人乐意倾听自己的想法并能给出一定建议的时候，会更加快乐和自信。比如，有一次，秀秀妈妈接秀秀放学，秀秀在校门口一看见妈妈，就说："妈妈，今天班上有个女孩子嘲笑我了。她说，我的书包不好看。我特别生气。"在这种情况下，要有效地缓解孩子的悲观情绪，如果妈妈说"小孩子千万不要抱怨，那样可不好。一件小事而已"，这样可能暂时缓解孩子心理上的压力，但是并不会消除孩子的心理负担，只能在短暂的时间内起到少许效果。秀秀的妈妈是这样说的："秀秀啊，她说你的书包不好看，你自己觉得呢？你觉得漂亮吗？自己喜不喜欢啊？"秀秀说："我很喜欢啊，我觉得我的书包最漂亮啦。"秀秀妈妈接着说："这样看来，那位小朋友说的话一定惹我们秀秀生了很大的气呢，没准儿她是在嫉妒你呢。"秀秀一听，立即破涕为笑了。秀秀妈妈的一句话就化解了秀秀的悲观情绪，消除了秀秀的心理压力和负担。因此，家长帮助孩子宣泄情绪的时候，要注意聆听孩子向你倾诉的内容，同时要对这些内容作出反应，父母不一定要作出好和坏的判断，只要孩子注意到你在聆听，并且重视你和她的谈话就可以了。

第二，鼓励孩子多交朋友。悲观的孩子总是考虑到事物不利的一面，在交友的范围上相对于乐观的孩子要小得多。家长要改变孩子孤僻、悲观的性格，可以适当鼓励孩子多与同龄人交朋友，或者邀请同龄孩子到自己家中来玩，让孩子多和乐观的孩子接触，慢慢地改善孩子的性格状况。

第三，培养孩子解决问题的能力。孩子在遇到困难和挫折的时候，往往会迷茫、不知所措，甚至会产生悲观情绪。家长培养孩子解决问题的能力，一方面可以令孩子在遭受挫折的时候临危不乱，保持积极向上的阳光的心态，一方面可以让孩子在独立解决问题的过程中得到快乐和自信。

第四，创建温馨和谐的家庭环境。家庭气氛、家庭成员之间的关系，直接影响孩子性格的形成。调查表明，在孩子还不会说话的时候，就能明显感觉到家庭环境的因素，尽管他们还不会用语言把它表达出来。温馨的家庭环境能给孩子提供一个优良的性格背景，培养孩子的积极乐观情绪，而整天争吵、打骂的家庭很难培养出阳光心态的孩子。

➥ 乌云的后面是温暖灿烂的阳光

◎ 踩着垃圾重生

曾经在一本杂志上看到这样一则有关驴子的故事：

有一天，一个农夫的一头驴不小心掉到了一口枯井里。农夫绞尽脑汁想办法救出驴子，但几个小时过去了，驴子还在井里痛苦地哀嚎着。

最后，这位农夫决定放弃，他想这头驴子年纪大了，不值得大费周章去把它救出来，不过无论如何，这口井还是得填起来。

于是农夫便请来左邻右舍帮忙一起将井中的驴子埋了，免除它的痛苦。农夫的邻居们人手一把铲子，开始将泥土铲进枯井中。

当这头驴子了解到自己的处境时，刚开始哭得很凄惨。但出人意料的是，一会儿之后这头驴子就安静下来了。农夫好奇地探头往井底一看，出现在眼前的景象令他大吃一惊：当铲进井里的泥土落在驴子的背部时，驴子的反应令人称奇——它将泥土抖落在一旁，然后站到铲进的泥土堆上面！就这样，驴子将大家铲倒在它身上的泥土全数抖落在井底，然后再站上去。很快地，这只驴子便上升到井口，然后在众人惊讶的表情中快步地跑开了！

很多时候，我们的人生处境和这头驴子相似，我们难免会掉到"枯井"中去，被各种各样的"泥沙"所吞噬。如果一直以悲观的心态对待，那么我们终究会被泥沙所埋没；如果以乐观的心态对待，那么泥沙就会成为我们的垫脚石，帮助我们实现理想。

美国心理学家马丁·塞利格曼 (Martin E.P. Seligman) 做过一项儿童乐观思维实验，通过"ABC"法则能够帮助孩子树立积极乐观的心态。在"ABC"法则中，"A"即是"Adversity"，代表负面的、不好的事件；"B"即是"Belief"，代表负面事件发生时内心的悲观想法；"C"即是"Consequence"，代表负面事件的后果，包括负面的后果和行为。通常人们会直观地认为负面事件"A"直接导致后果"C"的产生，而忽略了连接负面事件"A"和后果"C"的桥梁"B"，实际上，潜意识中的悲观想法"B"直接导致了后果"C"的发生。因此，要想改变后果"C"，就必须首先改变自动化的悲观想法"B"。

"B"潜藏在人的思维中，转瞬即逝，很难被捕捉到。因此，马丁·塞利格曼教授发明了"捕捉思维"，即当你感到伤心难过时，要尝试着捕捉那些在头脑中一闪而过的想法，可能就是这些想法左右了你的情绪。当我们把这种"捕捉思维"的方法纳入正常的教育轨道的时候，它起到了很好的效果。朋友曾讲过发生在他语文课堂上的事例：

那天，我教孩子们学习两首唐诗，因为上一节课已经讲解了诗歌大意，这堂课主要是带着孩子们反复的朗读，以求能够达到流畅背诵的目的。当时，班上的几位同学表现出极高的负面情绪，其他同学则摇头晃脑地表现出极高的热情。我就运用了马丁·塞利格曼教授的"捕捉思维"法。在他们反复朗读了课文之后，我给了他们一定的时间，让他们写出在朗读的时候他们头脑中一闪而过的想法。后来，我发现情绪不高的几个孩子是这样写的："这首诗太难了，我不会"，"今天和林林打架了，回家又得挨批评"，"我的衣服真难看"，等等。那些情绪高涨的同学则是这样写的："今天老师又表扬我了"，"我新交了一个好朋友"，等等。

"捕捉思维"法帮助老师很快确定了孩子上课注意力不集中的原因。在家庭教育中，这一原则也普遍适用。下面是莹莹妈妈对刚满6岁的莹莹的一件事情的"捕捉思维"分析：

A（负面的事件）：今天，我的一个同学过生日。全班同学都给他送礼物，每个人给他礼物的时候，他都表示了感谢。我是最后一个去送的，他拿到后感到很惊讶，然后亲了亲我的小脸蛋，没有给我说谢谢，看来，他是不喜欢我送的礼物。

B（潜意识中的想法）：他竟然没有对我说感谢，我很伤心，一定是我挑选的礼物太糟糕了，他一定很不喜欢。

C(后果)：同学不喜欢，我很伤心，很难过。

妈妈帮莹莹分析了其中的原因后，莹莹形成了下面的新思维：

B（潜意识中的想法）：同学就亲了我，别的人可没有这个待遇哦。亲脸蛋是最高级别的感谢啦。

C（后果）：同学很喜欢我的礼物，我很开心。

家长可以利用上述方法帮助找出潜藏在孩子意识中的悲观情绪，教会孩子获得乐观思维。

➥ 当我相信它的时候，我看见它

◎ 我相信它，我看见它

关于乐观，法国作家阿兰说："烦恼是我们患的一种精神上的近视症，应该向远处看并保持积极乐观的心态，这样我们的脚步就会更加坚定，内心也就更加泰然。"美国励志图书作家、牧师、公众演说家罗伯特·舒勒（Robert Schuller）

曾这样举例说明乐观者和悲观者的心态：乐观者说，当我相信它时，我看见它；悲观者说，当我看见它时，我相信它。乐观者看见半杯水，说杯子是半满的，悲观者看到说杯子是半空的。"当我相信它时，我看见它"，这句话具有很丰富的哲学内涵，它意味着当你还没有看见它的时候，就已经相信它了，这是一种何等的乐观精神和乐观态度！

朋友一直很注意培养孩子的乐观态度。有一次，孩子的一句话让朋友回味良久：

那次，我和星星去逛街。大热的天，走了很多的路，我和星星都又热又累。这时候，星星提出来要吃一块雪糕。我当时摇了摇头说："不行啊，星星。你忘了你的蛀牙啦，吃了雪糕牙齿会疼的。"后来，我看到星星满头大汗的样子，也有点不忍心了，就给她买了一块。我看到星星拿着雪糕的样子，觉得特别可爱。她小口小口的舔着、吸着，就像对待一个珍爱已久的东西那样，有点激动，有点兴奋，又有点舍不得。星星一边吃着冰激凌，一边继续逛街。忽然，从路上逆行跑来一个冒冒失失的男孩子，一下子碰掉了星星手中的半支雪糕。我看了看星星，想安慰她两句，没想到还没等我说出口，星星自己就说："妈妈，你看，大地妈妈是不是也患蛀牙了啊？她也很想吃甜食呢。那我就送给她好了。"我看到星星脸上依旧是开心和兴奋的样子，心里别提有多高兴了。

上面这个例子中星星的表现，是星星妈妈乐观教育结果的直接呈现，说明这一教育方法的可行性。

家长可以在生活的方方面面教育孩子乐观思考。比如，现在突然下雨了，而这个时候你正和你的孩子在大路上走，也没有带雨具，如果你抱怨说："这什么鬼天气，说下就下，还下这么大，太可恶了！"这样说也只能过过嘴瘾，雨并不会因此而不下。如果说："太好了，又下雨了！"雨也不会因此不下。这个时候，可以充分考虑到身边的孩子，可以试着说："孩子你看，下雨了，路边的小花小草就可以吸风饮露，越来越滋润，越来越茂盛了，这些都是大自然的恩赐啊。"孩子也会受到这种情绪的感染，变得高兴起来，甚至还会和你一路高歌回家去。比如，当寒冷的冬天突然下起雪的时候，可以问孩子说："冬天盛开的花是什么啊？""你喜不喜欢雪花啊？你看，这些雪花像是给你送的鲜花和掌声呢。"在日常生活中，转变一个思路，就能看到美丽旖旎的风景。

↘ 向上的心，没有什么可以阻挡

◎ 积极向上的态度是财富

生活中有很多现象让我们疑惑：同样是在走路或者跑步的时候被路上一个不起眼的小石子绊倒，为什么有的孩子还没来得及蹲下身子揉揉疼，就面带笑容地又向前追去？而有些孩子就趴在地上号啕大哭，再也不肯重新站起来？同样是被别人误会而指责了几句，为什么有的孩子能够控制自己的情绪，让这种不良情绪不影响自己的心情？而有的孩子会因此耿耿于怀，影响自己做事情的心情？

天下的家长都希望自己的孩子健健康康、快快乐乐的，但是快乐的源泉在哪里？很多家长都觉得，自己尽最大的努力给孩子提供良好的物质条件就是自己所能给予孩子最快乐的事情了。殊不知，孩子幸福感的获得并不是用物质来衡量的。帮助孩子尽快从挫折和困苦中走出来，也许才是孩子感到最为快乐的事情。刚上小学二年级的燕燕有一次哭丧着脸回了家，燕燕妈妈看到孩子情绪低落，就问孩子是不是学校里发生了什么事情，燕燕哭着说："今天早读之后，全班同学都要到操场练习健美操，学校说让十分钟之内全部到齐，排列好队形。我那个时候正好差了几秒钟没有站好队形，老师就把我揪出来了。让我面对大家一个人做操，还摘掉了我的红领巾。"燕燕妈妈听完孩子的讲话说："我还以为发生什么事情了呢。我们燕燕只不过是稍微慢了一点点而已，咱们下次提前过去不就得了嘛。"没想到燕燕说："那我的红领巾呢，我要我的红领巾。"燕燕妈妈告诉孩子："既然你的红领巾被老师摘掉了，那么我们就应该积极争取，再把它从老师的手里拿回来。不过这可需要你的好好表现哪。"燕燕一听，顿时就破涕为笑了，说："妈妈，我一定会搞好学习，还会练好健美操，我就不信我拿不到红领巾。"燕燕妈妈看见燕燕又重拾了信心，心里别提有多高兴了。

　　家长在帮助孩子解决问题的时候，要明白我们并不是单纯为了解决问题而解决问题，一定要在帮助孩子的时候，教会他们一种良好的思维方式：当头顶出现阴霾的时候，试着用心去拨开雾霾，寻找阳光的踪迹。

　　每一个孩子都有内在的自我成长的动力和能力，没有什么能够阻挡他们向上的心。俗话说："境由心生。"当孩子在面对挫折的时候，能够一笑了之，能够有一份积极向上的生活态度，那么快乐将会变成一棵常青藤，永远伴随在孩子的左右，与孩子形影不离。

第三章

教育孩子，从好习惯的培养开始

一、阅读，可以改变人生的宽度和厚度

↘ "念书"，是孩子阅读的第一步

◎ 读书乐趣多

读书，是启迪孩子打开智慧之门的钥匙，对陶冶情操、开阔视野、增长知识、净化心灵都有着无可替代的作用。孩子的心灵是一张纯净而又洁白的纸，因为各种颜色的涂抹才变得五彩缤纷；孩子的心灵是一枝含苞待放的花蕾，因为点滴露水的滋润才变得娇艳欲滴。有了知识的装点，孩子的未来才有希望，可以说，"念书"是孩子阅读的第一步。读书应该成为终身习惯，而这种习惯的养成始于幼年时期，父母对孩子阅读习惯的培养直接关系到孩子的未来。

"念书"，是孩子阅读的第一步。"念书"，不仅可以让孩子多认识字，还可以增长孩子的见识，提高孩子的智力水平。然而，多认识字并不能和孩子是否聪明画等号。有些孩子认识的字多，但是语言表达能力不强，观察能力、记忆能力和书写能力都有欠缺，这并不是我们想要的结果。"念书"，可以帮助孩子训练朗读、发音、观察、记忆等能力，可以为孩子素质的全面发展助一臂之力。

教孩子"念书"，第一，要根据孩子的年龄段为孩子选择不同的书籍。

对于 3 岁以前的孩子，家长可以选择一些与生活体验的情景和事物密切结合的书籍，或者是日常生活中经常见到的花草树木、蓝天白云以及水果蔬菜、各

种小动物的书籍。3岁以后的孩子则建议选择与孩子生活经验较远的，有助于孩子品格形成的书籍，可以挑选书本材质相对较好的以免孩子撕破的、小尺寸、图文隔离较为明显的硬皮书，图书内容方面以图画可以准确反映文字描述的内容为主，这样一方面可以让家长声情并茂地辅助阅读，另一方面也给孩子复述故事提供帮助。此外，书中的图画还可以刺激孩子的想象力。当然，书籍的选择也不是图画越多越好，应该图文相配适宜，图画过多与文字过多都达不到帮助孩子增长知识、锻炼能力的最佳效果。

第二，亲子共读是最佳阅读环境。

良好的阅读习惯与阅读环境有很大关系，最好的阅读环境必须由家长来创造。如果缺少家长作为沟通孩子阅读的桥梁，即使给孩子买多少精美的书，布置多么优良的阅读环境都无济于事。亲子共读成为目前孩子读书习惯培养的先决条件。当和孩子一起看书的时候，家长要注意给孩子"念书"，因为孩子年龄还小，识字水平不高，在阅读的过程中会遇到很多的生僻字，并不适宜一开始就让孩子自己朗读。家长可以和孩子一起，先为孩子念一遍，然后再和孩子一起重复几遍，教会孩子识字，并联系图画内容激发孩子的想象力，让孩子自己复述故事。这样的亲子阅读，既能增加知识，又充满乐趣。

第三，让孩子最终能独立自主的阅读。

给孩子"念书"，是引导孩子阅读的第一步，但是读书的最终目的是让孩子独立自主的阅读，而不是让家长牵着鼻子走。还有，家长千万不要把识字作为孩子读书的最终目的，那样就本末倒置了。因为在阅读的过程中，孩子认识的字越来越多，并且能够很好地理解阅读故事的内容，教孩子认字只是最为基础性的。

第四，让孩子复述阅读内容。

在反复阅读之后，可以试着让孩子用自己的话复述刚刚读过的内容。家长要注意，在孩子复述的过程中不能死板，不要局限于书上的内容，也可以让孩子张开想象的翅膀，可以自己添加一些内容或者对故事的结局做少许改动。

↘ 读本好书，就是和高尚的人谈话

德国作家歌德（Goethe）说："读一本好书，就是和许多高尚的人谈话。"埃及人阿巴斯·阿卡德说："阅读——而不是别的，可以给我比一个人生命更多的生命。"阅读是一个人个体生命的拓展，这种拓展不仅仅表现在学校课本的学习上，更多地表现在孩子对课外阅读的渴求。吕叔湘先生曾指出："同志们可以回忆自己的学习过程，得之于老师课堂上讲的占多少，得之于课外阅读的占多少。我想大概是三七开吧，也就是说，百分之七十得之于课外阅读。"

在课外阅读中，家长应该选择什么样的书籍让孩子展开更好的课外阅读呢？调查显示，美国的儿童教育体系中涵盖了更多的为儿童服务的内容，比如美国有十几家机构专门从事每个月定期给孩子们推荐书单的工作。这些书单的内容主要有儿童书商的新书推荐、报刊书评家撰文推荐、孩子投票选择、老师投票选择、图书馆推荐、阅读协会推荐等。可见，在这个"孩子的钱最好赚"的时代，家长为孩子细心甄选一部好书是多么重要。

在早期阅读中，家长要有一个提前准备期，在孩子还未满某个年龄的时候，就要开始自主阅读那个年龄阶段的书，为孩子筛选一些趣味性强而知识丰富的书。如果想要让孩子爱上读书，家长首先要喜欢读书，只有家长的视野广阔，才能为孩子选择较为合适的书作为孩子的启蒙教材。那么，家长应该选择什么样的书籍让孩子展开更好的课外阅读呢？家长可以根据以下建议为孩子选择书目：

第一，"先看再闻"，安全始终是第一位。

只要是给孩子选择的东西，不管是什么，安全都是第一位的。首都儿科研究所儿童保健科专家指出，"市场上的儿童图书虽然材质多多，但鉴别质量有个基本原则，就是先看再闻。""先看"，主要是指看书籍纸张的颜色，如果颜色鲜艳、过于浓重，那么可能是工业染料使用过多的缘故，也可能是铅超标。孩子一旦长时间阅读，或者是不小心趴在书上睡着了，再或者是捏成纸团往嘴里塞，都有可能孩子铅中毒事件。"再闻"，主要是指闻气味，与国家规定图书出版印刷纸张规格不符的纸张，往往都有一股刺鼻的气味，对长时间阅读的孩子的健康可能会带来负面影响。

有些家长在给孩子选择图书的时候，可能会面临选择电子书和纸质书的疑

惑。随着现代社会的进步与科技日新月异的发展，大量的科技产品进入日常家庭生活，很多家长为了给孩子创造便捷的读书环境，乐意给孩子买电子书之类的产品，认为电子产品既高档时髦，又有很高的性价比。这里需要提醒家长注意的是，在孩子初步阅读的时候给孩子买纸质图书。纸质图书既可以避免电子类产品对孩子眼睛的伤害，同时也可以在保护视力的基础上让孩子感受到有形图画和文字的魅力，从而爱上读书。

第二，选择装订质量好、纸质质量好的书。

为孩子选择的书和成人使用的书有很大的不同，最大的不同在于孩子使用的书一定要经得起翻阅。孩子年龄幼小，还不知道珍惜书本，喜欢用手抓书，存在将书撕破的可能性，因此纸质质量好、装订质量好的书，应该是家长的首要选择。

第三，选择图片清晰、图文比例适当的书。

要给孩子选择有适当图片插画的书，单纯文字的文本书并不适合孩子阅读。图画部分应该选择印刷清晰的书，模糊的图片会增加孩子阅读的障碍，也不利于孩子发散思维和展开想象力。图文比例适当，就是说给孩子择书既不能选择图片过多也不能选择文字过多的书。图片过多，有利于孩子想象力的发展，但对增长知识来说作用较小；文字过多，具有一定的知识性，但容易增加孩子对文本理解的难度。图文比例适当的书能够同时满足知识性和趣味性两个条件，家长在择书的时候一定要记住这一点。

↘ 让书和孩子成为最好的朋友

◎ 让孩子爱上读书

很多家长抱怨说："我们家的孩子只有三分钟的热度，每次给他买一本书，他随便翻翻，就往一边一扔，再也不看了。不管你用什么样的方法，他就是不乐意看。这孩子不愿意读书，可怎么办呀？"很多家长会责备自己的孩子"不懂事"、"不听话"、"不好好读书"，可是家长是否站在孩子的角度考虑过问题？

兴趣是最好的老师。孩子和成人一样，都有自己特殊的兴趣，没有兴趣，孩子无论如何也不愿意去翻看自己不喜欢的书籍。只有找对孩子的兴趣所在，根据孩子的兴趣认真挑选图书，孩子才不会只有三分钟的热度，而是会安安静静的阅读。那么，家长应该如何找到孩子阅读的兴趣所在呢？下面是一些建议：

第一，投其所好，让孩子阅读乐在其中。

有些家长无视孩子的兴趣爱好和年龄特点，就给孩子买来一大堆的少儿读物，包括各种识字课本和古代诗词以及童话故事书。有时候，孩子面对这些书会感到有一种无形的"压力"，因为这些书过于古奥难懂，会给孩子留下一个读书是一种很累、很难的事儿的印象，让孩子不敢接触书籍。实际上，家长应该根据初上小学的孩子的年龄特点，多给孩子买一些清晰图画和文字兼备的书，特别是最近市场上出现的一些印刷精良、装帧精美的书籍，书籍的内页富有立体效果。比如，当讲到小兔子故事的时候，这一页就会出现一小片真实的兔子毛，可以让孩子真实地感受到小兔子的存在，进而让孩子投入到故事中去，参与阅读活动。

第二，不宜对孩子的阅读过程管得过于严肃。

调皮、好动、缺乏耐心和持久力是孩子普遍的心理特点。通常，孩子们的阅读方式就是一会儿翻翻这本书，一会儿看看那本书。很多家长都会觉得，为什么孩子不好好看书呢？于是，多数家长都会采取这样一种行动：把一本自认为很好的书摊在孩子面前，命令孩子必须要看那一本，当孩子不服从管教的时候，家长们就会在言语上和行为上对孩子大加批评和指责。实际上，爱动是孩子的天性，孩子愿意翻看书已经是很好的表现了，家长不必对此多加阻挠。因为这种现象就是孩子早期阅读心理的正常状态，是孩子在未来阅读道路上迈出重要一步的标志。

第三，阅读时尽量让孩子做主。

孩子天性好奇，总是一会儿翻翻这本书，一会儿看看那本书，在家长看来孩子一直都不专心，干什么都是毛毛躁躁、三心二意的。对此，家长不必过多地干涉孩子或者强制孩子非得读哪本书。对于幼小的孩子来说，能够按照自己的兴趣翻翻看看，就已经向阅读迈出了重要一步。尽量让孩子以自己的兴趣为主来翻看书籍并不是一件坏事。

第四，亲子共读，为孩子树立良好的阅读榜样。

家长可以选择一本书，和孩子一起诵读，为孩子读书树立良好的阅读榜样。在和孩子共同阅读的时候，家长和孩子可以分别扮作故事中的人物，或者设置情景与孩子一起沟通和交流，增加阅读时的趣味性。也可以鼓励孩子将书中的故事情节复述下来，讲述一下自己的感受和观点。这样，不仅会增加孩子的阅读兴趣，还会不断地提升孩子的阅读水平。

➥ 亲子阅读是负担，还是快乐?

◎ 亲子阅读是一种快乐

快节奏的现代社会为生活在其中的人们增添了更多的压力，特别是对家里还有一个刚刚上小学的孩子的家长而言，压力更为明显。很多家长都认为和孩子一起阅读对孩子智力、观察力、理解力等都有莫大的好处，但是忙碌的工作和简短的休息时间让家长觉得亲子阅读似乎正慢慢变成一种"负担"，而不是"快乐"。

朋友和老公两地分居，朋友带着孩子在青岛开小店做生意，老公则在北京上班挣钱。当朋友遇到店铺上的麻烦或者是碰上不顺心的事情时，总是觉得和孩子约定的亲子共读对她来说简直就是一种折磨。有时候，和孩子一起读着读着，就不知不觉地开始想各种心事，脸上显示出来的更多的是一种不耐烦的表情，充满浮躁和不安。有好几次，懂事的孩子都问妈妈："妈妈，你是不是因为小红帽被大灰狼吃掉了不开心啊，妈妈别担心，我想，小红帽从大灰狼的肚子里跑出来，最后制服了大灰狼。妈妈别担心啊。"朋友听到孩子的话，觉得孩子好像在一瞬间就长大了一样，心想自己一定要打起十二分的精神，全神贯注地和孩子一起阅读，相信孩子会在知识的天空中奋力翱翔，越飞越远。

就像朋友所说的一样，亲子阅读有很多的快乐。

第一，能够增进家长和孩子之间的情感交流。

　　亲子阅读能够让孩子真实地感受到家长对自己的爱和感情。在现代社会，白天，家长要上班，孩子要上学，即使同住一个家庭，家长和孩子的交流也只停留在吃晚饭后和吃早餐前的一段时间。亲子阅读可以增进家长和孩子的情感交流，比如甜甜的妈妈每天晚上7:30准时和孩子一起共读图画书。这天甜甜妈妈给孩子讲了一个大熊妈妈和大熊爸爸保护小熊儿子的故事，甜甜就对妈妈说："妈妈，妈妈，大熊妈妈和大熊爸爸保护小熊儿子，就像甜甜妈妈和甜甜爸爸保护甜甜一样。"甜甜妈妈听了很开心，说："是呀，是呀，一样的。"不知不觉间，母女俩的心就靠近了。

　　第二，亲子阅读能有效提升孩子的注意力、理解力和语言表达能力。

　　在阅读过程中，家长可以采用声情并茂的表演形式来获得孩子的注意力，有意识地锻炼孩子的专注力，为孩子上课全神贯注听老师讲课打下良好的基础。对书本文字的讲解，家长可以适当地根据孩子的兴趣和爱好增加一些趣味性的内容，以期提高孩子的理解力，同时家长还可以和孩子一起大声朗读书中的文本内容，并试着让孩子自己复述故事，有意识地为提高孩子的语言表达能力做准备。

　　第三，亲子阅读可以培养孩子读书的兴趣，让孩子爱上读书。

　　兴趣是最好的老师。坚持一段固定时间的亲子阅读，就会在孩子脑中形成一个生物钟，当某一天突然中止了亲子阅读，孩子也会觉得好像失去了什么东西一样。这其实说明，孩子已经把亲子阅读变成一种习惯，而这种好的阅读习惯的养成可以使孩子终身受益。

二、把简单的事情做好，就是不简单

➡ 小事情大学问，一枚图钉的价值

◎ 良好的习惯受用终生

懂得观察周遭环境和事物的人，往往能够在这些观察中搜集到有效信息。从小培养孩子注重细节的好习惯，才能够在激烈的社会竞争中施展自己的本领展现价值。"法国'银行大王'恰科，就是因为某些看起来微不足道的优良品质获得成功的"，在李昊编著的《制造自己的靠山》中有这样一则小故事：

恰科年轻时，一直待业在家。为了找工作，他拜访了51家公司，得到的只是51次失败。一天，恰科开始了第52次尝试，他来到法国 BELLJU 银行找董事长求职。然而，刚一见面，董事长就以他没有银行工作经验为由，将他打发出了办公室。恰科第52次努力的失败似乎已成定局。可就在他退出办公室时，他自己并未在意的一个动作改变了他的命运。

当时，失魂落魄的恰科一出门，突然瞥见门前地面上有一枚图钉。为了不让它伤到人，恰科不假思索地把它捡了起来。这一切恰巧被董事长看见。他马上认定，如此精细小心、考虑周全的人，很适合在银行工作。所以，董事长改变了主意，决定雇用恰科。第二天，银行给恰科发了录用通知单。

一枚图钉，改变了一个人的命运。这就是所谓的"细节决定成败"。左夫编著的《边走边悟　寻找遗失的小智慧》中有一位聪明的父亲是通过下面的方式教育自己的孩子，从而让孩子改掉粗心大意的坏毛病的：

从前有个农夫的儿子，名叫约翰，不管叫他去做些什么，他总是鲁莽草率、粗心大意的。有一天，他父亲对他说："约翰啊！你总是这么粗心大意又健忘，老是做错事。我要在邮箱上钉个图钉，好提醒你有多么不听话。只要你做对了，我就把图钉拔出来。"他父亲真的就照他自己说的做了，每一天都要钉上一个图钉，有时候要钉上好几个，但却很少拔下来过。最后，约翰看到邮箱几乎都快被图钉盖满了，他觉得很惭愧，犯了那么多的错。他决定要做一个好孩子。隔天，他表现得很好，也很勤奋，所以有几个图钉被拔掉了。再隔几天也一样，以后天天如此，持续了一段很长的时间。终于只剩最后一个图钉在上面了。他父亲把他唤到跟前来，说道："你看，孩子，只剩最后一个图钉了，而且现在我要把它拔掉了。你高兴吗？"约翰看着邮箱，他并不像他父亲所预期的快乐，相反地，他突然哭了起来。"怎么了？"父亲问道，"怎么回事？我以为你会很高兴的，图钉已经全部都拔掉了呀！""是啊！"约翰哭泣地说："图钉是拔掉了，可是伤痕还在呀！"

上面这两个例子看起来都是微不足道的，但对孩子细节和习惯的培养极富教育性和启发性。当然，良好习惯的养成是一个漫长的过程，并不是一两则小故事就能解决的问题。家长们应该坚持督促和引导孩子完成任务，告诉孩子要注意细节，培养良好的习惯，节约时间和精力，以期更好地实现既定目标。

↘ 细节的背后，既有魔鬼也有上帝

◎ 细节中，既有魔鬼也有上帝

中国有很多成语揭示了细小东西的重要性，比如"泰山不让土壤，故能成其大；江海不择细流，故能就其深"，"不积跬步，无以至千里；不积小流，无以成江海"，"合抱之木，生于毫末；九层之台，始于垒土"，"千里之堤，溃于蚁穴"，"天下事必作于细"等等，说明了生活中那些看起来细小的、微不足道的小事对我们一生的影响之大。

密斯凡·德罗作为 20 世纪世界上最伟大的建筑师之一，在要求用一句话来描述他在建筑方面的成功时，说了这样一句话："魔鬼在细节。"他反复强调的是，不管你的设计方案是多么恢宏大气，如果在细节上处理不好，只能是失败的作品，相反，如果你的方案在每一个细节的磨合中都表现得很好，那么它就是一部气势恢宏的作品。海尔的管理层经常说的一句话也和细节的处理有关："要让时针走得准，必须控制好秒针的运行。"

有一次，香香妈妈辅导香香学习最基础的加减法则，香香总是会出错。香香妈妈知道其实香香并不是笨，而是不愿意动脑筋，每次回答问题的时候都不假思索，回答完也不愿意费心思重新检查，以至于每次做完习题都会留下几个鲜红的"×"号。香香妈妈告诉香香，做什么事情都要认真，要注意每一个细节，如果一个地方错了，那么满盘皆输。后来，香香在妈妈的鼓励下，养成了认真做作业，并且每次做完作业都会反复检查的好习惯，最后香香成了班上的数学尖子。这就是香香的蜕变。我们可以想象，如果香香妈妈没有及时地给孩子纠正错误，那么香香会变成什么样子。于是，家长怎么帮助孩子注重细节渐渐提上日程。家庭教育中怎么引导孩子注重细节呢？

教孩子观察身边的事情。

观察，是孩子用自己的内心去感知世界、认识世界、体验世界，进而增长知识的有效手段。通过观察，可以让孩子学到一些书本上没有的知识，或者是让孩子把书本上获得的直接经验转化为现实生活中需要用自己的实践来获得的间接经验，对事物有鲜明的印象和看法。当然，观察并不是要孩子随便看看，而是让孩子用心地仔细观察、深入探究。观就是看，察就是想，"观察"要求孩子既要用心去看，又要用心思考，让孩子知道事物是什么样子的同时，又要让孩子明白事物为什么是这样的。长期坚持让孩子观察的要求，孩子的观察能力、记忆能力、注意能力等都会得到进一步的提升。家长应该给孩子一定的观察性的引导，让孩子根据自己的兴趣，在观察的基础上独立思考问题。

教会孩子礼貌得体。

让孩子多说"我们"，少说"我"。如果孩子经常把"我"挂在嘴边，明显地具有一种以自我为中心的高傲的性质，而"我们"一词则较为宽和地容纳了别人，这是孩子未来人际关系建立所必须的一项条件。让孩子懂得感恩，多说"谢谢"和"对不起"，当孩子得到别人的关心和帮助时，要教会孩子懂得说"谢谢"。当孩子做错了事情或者麻烦了别人的时候，要教会孩子诚恳地对别人说一声"对不起"，这是做人最起码的礼貌行为。教孩子多赞美别人、会委婉地拒绝别人等，都是必须注意的细节。

教会孩子在学习中注重细节。

可以帮助孩子准备一个错题集，让孩子明白自己的弱点和弱项。告诉孩子做完作业要习惯检查，鼓励孩子多问几个"为什么"等，都是家长引导孩子掌握正确的学习方法的基本方式。

➷ 要想成为珍珠，那么就从沙粒做起

◎ 让沙粒变成美丽的珍珠

每一颗珍珠的前世都是一粒普通的沙子。《二十几岁必须知道的 77 条做事经验》中的《想成为珍珠，就从沙粒做起》讲述了这样一个年轻人的故事：

有一个年轻人，他的学习成绩挺好，毕业后却屡次碰壁，一直找不到理想的

工作。他觉得自己怀才不遇、生不逢时，对社会感到非常失望。他为没有伯乐来赏识他这匹"千里马"而愤慨，甚至因伤心而绝望。怀着极度的痛苦，他来到大海边，打算就此结束自己的生命。正当他即将被海水淹没的时候，一位老人救起他。老人问他为什么要走绝路。

年轻人说："我得不到别人和社会的承认，没有人欣赏我，所以觉得人生没有意义。"老人从脚下捡起一粒沙子，让年轻人看了看，随手扔在了地上，然后对他说："请你把我刚才扔在地上的那粒沙子捡起来。""这根本不可能！"年轻人低头看了一下说。老人没有说话，从自己的口袋里掏出一颗晶莹剔透的珍珠，随手扔在了沙滩上，然后对年轻人说："你能把这颗珍珠捡起来吗？""当然能！"年轻人毫无犹豫地说。"那你就应该明白自己的境遇了吧？你要认识到，现在你自己还不是一颗珍珠，所以你不能苛求别人立即承认你。如果要别人承认，那你就要想办法使自己变成一颗珍珠才行。"年轻人低头沉思，半晌无语。

年轻人受到老人的点拨后恍然大悟：自己没有被别人看着的原因是自己和别人相比并没有什么不同，自己只是人生长河中一粒普通的沙子而已，与那些在哪里都发光的珍珠相比简直是太逊色了。教育孩子也是一样，刚刚出生的孩子都是一样的，关键是孩子后天所接受的教育和自我品格习惯的养成这对孩子的一生都非常重要，尤其是注重生活细节的孩子更容易获得成功。

西方有一首民谣说："丢失一个钉子，坏了一只蹄铁；坏了一只蹄铁，折了一匹战马；折了一匹战马，伤了一位骑士；伤了一位骑士，输了一场战斗；输了一场战斗，亡了一个国家。"一件小事足以毁掉一件大事，注意细节不仅是一种认真的态度，更是一种良好的习惯。不注重细节的孩子，常常会因为一件小事和别人大吵大骂甚至大动干戈，常常会因为一句话或者一个动作激怒别人……家长应该在尊重孩子的前提下，教育孩子要从小事做起，具体应该有以下几点：

让孩子养成自己动手的习惯。

很多家长都过于宠爱孩子，认为孩子的自理能力差，有关孩子的衣食住行完全都由家长代劳。实际上把属于孩子的任务转交给孩子，他的习惯的养成只需要短暂的两三个星期。朋友曾说，在幼儿园，很多小朋友都不会独立进餐，不会用勺子、不会用筷子，甚至吃饭吃得满脸、满地都是。家长应该有意识地训练孩子自己动手的习惯，一开始孩子可能会做得不好，在家长的正确指导下，孩子只需要两三个星期就能完全学会这些生活琐事。

让孩子养成不随地吐痰、丢垃圾的习惯。

随地吐痰、丢垃圾，是在日常生活中经常可以看到的不好的行为习惯。这样既有损个人形象，又会对外界的环境造成破坏。因此，好的行为习惯和好的生活素养应该从娃娃抓起。家长从小就应该教育孩子在吃完水果或者零食后，要把包装纸拿好，扔到垃圾桶里，吐痰、擦鼻涕或者是没有吃完的糖果等，要用纸巾包好再丢到垃圾桶里。扔垃圾的时候，家长还有必要给孩子讲解什么是可回收垃圾，什么是不可回收垃圾，让孩子从小就掌握一些基本的生活常识。

让孩子养成遵守公共秩序的习惯。

关于中国的公共交通秩序，很多行人都无视红绿灯的设置，只要凑够一撮人就可以过马路了，很多网友调侃这种现象为"中国式过马路"。这种过马路的方式完全不顾及公路上汽车、出租车等交通工具，安全意识和个人素养极差。家长和孩子出行，特别是在需要过马路的时候，一定要谆谆告诫孩子，红灯亮时不能行走，黄灯亮时要站在路边等一等，要等绿灯亮起来再过马路，过马路的时候要以比正常稍快的速度行走，不能在过马路的过程中玩耍、嬉笑、打骂、奔跑。

公共场合中人们总是以千姿百态的面貌出现。有些人喜欢大声嚷嚷，让大家的注意力都放在自己的身上，有些人完全不顾及形象在公共场合打架斗殴……家长带孩子在公共场合的时候，一定要教育孩子遵守公共秩序。

让孩子养成一次做好一件事情的习惯。

研究表明，普通人在同一时间里考虑两件或者两件以上的事情，其效率要比专心做一件事情低得多。如果平时养成把所有事情都堆积起来，一会儿做做这个，一会儿又碰碰那个的习惯，那么结果就是每一件事做得都有太多不完善的地方。孩子更是如此，孩子因为受饮食规律和好奇心的驱使，往往不能集中自己的注意力，如果家长不能适时引导孩子走出这一误区，是很糟糕的一件事情。当家长注意到孩子出现见异思迁、三心二意状况的时候，应该告诉孩子：

"我们把所有的事情堆在一起做，不如我们一件一件地做，争取把每件事情都做得尽善尽美。"

↳ 留心身边，无数人看到却没发现

◎ 擦亮发现的眼睛

《少年文摘》2010年第8期的一篇《无数人看到却没发现》向我们展示了一个新的世界：

网络搜索引擎谷歌有一项功能，就是能够查询地球任意角落的卫星图像。借助这项功能，科学家们分析了处于全球308处地方的8510头奶牛的生活规律，发现它们都有第六感，能知地球南北方位，而且不论什么风向和时辰，总是面朝北站立。这一发现让科学家们惊诧不已。虽然奶牛以预知下雨的能力而闻名，但它们的导航本领却被人遗忘和忽视了。

几千年来，数以千亿计的人们经常见到奶牛，但却没有发现这个简单的规律，至少没有流传和记载下来。如果今后在野外迷失了方向，没带指南针不要紧，只要身边有奶牛，那就不用惊慌。只要看一下奶牛的头朝向哪一边，就知道哪边就是北边。

如果你有一家圈养奶牛场，当初建设它的时候没有尊重奶牛头朝北的规律，那么一定要及早地纠正。其中道理很简单，奶牛头不朝北，就会在无形中不自在、烦躁，而烦躁自然会影响奶牛的产量和质量。

奶牛头朝北的规律对我们来说只是一件小事，但是这件小事的发现足以引起全世界的轰动。这一重要发现发表在《美国国家科学院学报上》，可见其意义之重大。这个事件也告诉我们一个道理：处处留心皆学问，世事练达即文章。留心，就是让我们用心去体会，用眼睛去发现，用手去创造，用口去诉说，不能让"熟视无睹"、"视而不见"蒙蔽了我们的双眼和智慧。

家长在教育孩子的时候，要多让孩子接触事物，用最为浅显的语言为孩子加以解释和说明。当孩子无意中发现或者提出问题时，要保护孩子的好奇心。比如，青青曾经对妈妈说："我最喜欢红色的孔雀。"这个时候，妈妈不要急于否定孩子，而是要和孩子一起翻阅资料，补充孩子关于孔雀的颜色和种类、生活习惯等知识，同时也要保护好孩子的好奇心，不责骂孩子，因为孩子的好奇心很可能就是一项大发现。那么，家长应该怎样保护孩子的好奇心呢？

第一，不要以成人的思维约束孩子，要尊重孩子的好奇心。

由于孩子对事物的认知有限，再加上他们好奇的天性，他们总是会问这问那，有时候甚至会打破砂锅问到底。这个时候，家长不要以成人的思维来约束孩子的想象力，也不要以工作过于繁忙等借口来搪塞孩子。家长最好利用孩子的好奇心，使用正确的方法帮助孩子，促使他们进一步思考。比如，漫漫三岁的时候第一次见到雪，感到特别开心和激动。一会儿到院子里团雪球打雪仗，一会儿到屋子里观看雪的样子，甚至还学起电视科学实验室里的孩子，拿起一只放大镜，观察雪的变化。漫漫的妈妈看孩子对雪这么感兴趣，于是就趁机给孩子补充了很多关于雪的知识。

第二，做个童心未泯的好奇父母。

如果家长对一切事物都漠不关心，对孩子的好奇心也不以为然，那么孩子天生的好奇心无形中就会受到一定的影响和压制。要保护孩子的好奇心，家长也要保持童心未泯，对事物充满感情和新鲜感，让孩子觉得世界上的万事万物都充满活力和青春。比如，家长带孩子外出郊游，或者到附近的公园、商场闲逛时，都可以找出比较有特色的动植物或者商品来俘获孩子的好奇心，和孩子一起钻研。

第三，抓住孩子的好奇心，鼓励孩子进一步思索。

好奇心是创造力的源泉。英国伟大的物理学家牛顿（Newton）就曾因被苹果砸中而对苹果落地这一现象产生好奇，最终发现了地球吸引定律。好奇心加上进一步的思索才能产生创造力，如果仅仅只有好奇心的话是不会产生创造力的。所以，家长要在尊重孩子好奇心的前提下，鼓励孩子进一步思索。比如，

有一天晚上，跃跃妈妈做了一道煮花生米的菜，跃跃特别喜欢吃。于是，跃跃开始对花生米产生强烈的好奇心。他不住地猜想花生米是树上结的，还是水里长的？是生的还是熟的？后来，跃跃的妈妈专门从网站和书店里买来一大堆关于花生的资料讲给跃跃听，跃跃妈妈和跃跃还专门买来两个花盆，分别种上了炒熟的花生种子和好的花生，让跃跃亲身体验花生是怎样得来的。这样的一个生活中的小事例，不仅有效地保护和激发了孩子的好奇心，还给了孩子一定的动力让其认真思索问题。

三、勤俭，是一生中食之不完的美筵

↘ 节约如同燕衔泥，浪费恰似浪决堤

◎ 成由勤俭败由奢

中国有句俗语说"成由勤俭败由奢"，勤俭节约是中华民族的美好品德。勤俭不仅是一种良好的生活习惯，更是一种高尚的生活品质。现在生活条件越来越好，孩子身上的坏毛病也越来越多了，孩子们总是把还没用完的本子、铅笔、橡皮、尺子等学习用具扔掉，要求家长再买新的，总是嫌旧衣服过时了或者样子不好看、不喜欢，央求家长买新衣服。在学校和同学们攀比的不是学习，而是今天某某同学的爸爸又给他买了价格昂贵的衣服、手表、鞋子，某某的妈妈从国外回来给他带了个高级的电子产品……这样的例子数不胜数。在新浪亲子网站上曾看到一则名为让"孩子从小学会勤俭节约"的故事：

北京市一对年轻的父母带着刚上小学的女儿去逛街。在一个繁华的路口，有一位老爷爷正在卖《北京晚报》。父亲从口袋里掏出 5 元钱交给女儿，让她去买 10 份晚报。孩子买回晚报，父母跟她商量，让她按原价把晚报卖出去，看看要花多少时间才能卖完这 10 份晚报。孩子在父母的帮助下费了几个小时才把 10 份晚报卖出去。然后，父母让孩子去问卖报的老爷爷，卖出一份报纸能赚多少钱。

孩子从老爷爷那里知道，卖一份报纸只能赚几分钱。她算了一笔账，花了这么长时间才挣了几毛钱。孩子领悟了父母的良苦用心，她主动对父母说："爸爸、妈妈，我以后再不会随便花钱了，挣钱太不容易了！"

仅仅依靠单纯地给孩子讲道理让孩子体验生活的来之不易的方法，多数孩子并不以为然，这两位北京的年轻父母懂得让孩子亲身体验生活，获得对生活的感悟和体验，不失为孩子体会勤俭节约的好办法。那么在日常生活中，父母应该怎样教育孩子要坚持勤俭节约的美好品德呢？下面，我们给出了几条建议，希望家长可以尝试：

第一，家长要勤俭节约，给孩子树立一个好榜样。

培养孩子勤俭节约的品质首先要从家长做起，生活在一个什么样的家庭，孩子就会养成什么样的生活习惯。如果家长平时大大咧咧，喜欢和别人攀比、铺张浪费，那么生活在这个家庭中的孩子必然也会受到父母的影响，形成从小不知道勤俭节约的习惯。如果家长平时注意勤俭，生活朴素不张扬，那么孩子将来也会继承家长的这一优良传统，养成勤俭节约的好习惯。

第二，让孩子体验生活的来之不易。

孩子从小被家长呵护，容易把自己所得到的一切都想当然，认为自己的所得都是应该的。这种错误观念的根源就在于孩子并不知道生活的艰辛与来之不易。家长可以挑选合适的机会，让孩子体验生活。比如，让孩子直接参与到与父母一起创造财富的过程中来，就像上面所举到的让孩子卖《北京晚报》的例子，这样才会使孩子真正体验到生活的来之不易，给孩子旧有的价值观念形成一定的冲击，让孩子懂得勤俭节约。

第三，给孩子准备存钱罐和储物箱。

如果孩子大手大脚喜欢花钱买东西的话，家长不妨给孩子准备一个存钱罐，让孩子记得将暂时不用的钱币存入存钱罐。为了鼓励孩子存钱，家长可以规定当存钱罐满足多少钱的时候，可以给孩子以适当的奖励。如果孩子喜欢将还没用完的东西顺手扔掉的话，家长可以考虑给孩子准备一个储物箱，让孩子将暂时不用的东西收藏起来，等到孩子有一天需要这些东西的时候，可以反复使用不至于浪费掉。

↘ 最先起身的人，得到第一滴朝露

◎ 人生在勤，不索何获

美国发明家爱迪生（Edison）曾说："天才是百分之一的灵感加上百分之九十九的勤奋。"勤奋的反义词是懒惰，很多孩子因为有"勤奋"的家长，不管什么事儿都由家长代劳，孩子们坐享其成，渐渐养成了懒惰的习惯。

昨天还看到一档法制节目，公安人员抓获了一个以偷窃为主要营生手段的团伙，这个团伙的成员大多是十八九岁的孩子，他们不想利用自己的双手和大脑以正当的手段来获取生活的资本，而是想靠捷径来获得生活的必需品，归根到底这都是内心的懒惰和以金钱至上的观念在作怪。家长如何针对自己的孩子实施勤劳教育呢？

第一，鼓励孩子从自己身边的小事做起。

要培养孩子热爱劳动、勤快的优良品质，仅依靠说教是达不到预期效果的。家长必须鼓励和引导孩子从自己身边的小事做起，从一点一滴做起，让孩子既体会到生活的艰辛，又能获得一定的成就感。在日常生活中，家长不必每件事情都为孩子操持，应该放手把一些孩子们力所能及的事情交给他们去做，可以让孩子自己整理房间、打扫卫生、洗衣服、整理书包和文具。家长也可以试着让孩子帮忙做一些家务活，比如洗碗、擦桌子、洒水、浇花等。当孩子完成某项劳动任务时，如果做的不好，家长可以耐心地指导，让孩子在亲身实践中掌握本领。如果孩子的完成结果很棒或者超出了家长的预期，家长不要吝啬自己的表扬，应该对孩子的所作所为作出肯定的赞扬。比如，有一次，萍萍的妈妈吩咐萍萍要自己收拾房间，萍萍一个人在房间里忙碌不停，一会儿觉得应该把自己的玩具放在这儿，一会儿又觉得放在那儿好一点，将近一个多小时过去，萍萍妈妈发现孩子不仅把房间收拾得井井有条，还把窗户都打开了，萍萍妈妈对萍萍说："我们家萍萍真棒！"萍萍妈妈为了鼓励和表扬萍萍，还喊来了萍萍的几个小伙伴"参观"萍萍收拾的房间，萍萍在这次劳动中既体验了劳动的艰辛，又收获了劳动的快乐。

第二，家长做一半留一半，尝试让孩子自己动手。

留下简单的一个步骤给孩子做，可以调动孩子自己动手的积极性，让孩子参与到活动中来。比如，家长在给孩子收拾房间的时候，可以一边给孩子做示范，一边留心留下一部分给孩子做。当家长买了好几样菜的时候，可以和孩子一起择菜、洗菜，比比谁做得又好又快，这都是鼓励孩子参与活动，希望得到孩子配合的具体表现。

第三，鼓励或者带孩子参加一些公益劳动。

公益劳动是一种知行统一的社会实践活动，参加公益活动可以培养孩子的社会责任感和劳动意识。家长可以利用节假日，带孩子参加义务植树、志愿者活动、到敬老院打扫卫生、义务铲雪、义务清扫街道等活动，一方面帮助孩子树立为人民服务的道德意识，另一方面也让孩子体验到累并快乐着的幸福感和成就感。

第四，不要有意挫伤孩子的劳动积极性。

如果孩子的辛苦换来的是一句批评和唾骂，孩子会觉得自己的辛苦全都白费了，甚至会想到自己所做的事情没有任何意义，会陷入自己什么都不会的思想漩涡中。家长一定要注意肯定孩子的劳动果实，孩子毕竟还是孩子，有很多地方做得不完善，比如洗碗的时候可能会洗不干净甚至会打碎碗，这时候家长不要急于批评孩子，相反要安慰孩子这是劳动中必然会出现的意外事故，然后耐心地帮助孩子掌握方法和技巧。试想，打碎一只碗与孩子热爱劳动的积极性相比，孰轻孰重呢？

第五，家长要发挥榜样示范作用。

家长热爱劳动必然会给孩子发挥榜样示范作用，比如父亲每天整理客厅和书房，物品摆放整齐，母亲收拾房间和家务，使得家里面整齐干净，孩子必然也会学习父母的样子整理自己的卧室和物品，慢慢养成勤劳的好习惯。

➷ 天才和普通人的距离仅一步之遥

◎ 勤劳是一笔无价的财富

很多孩子都会唱《早起歌》："勤劳的小鸟起得早，拍拍翅膀学飞高。勤劳的小鸡起得早，伸伸脖子喔喔叫。勤劳的小朋友起得早，跑步做操身体好。"这首歌不仅提醒家长要注意培养孩子的勤劳习惯，还提示家长要鼓励孩子在有限的时间里多做一些有意义的事情。

中国香港文学家秦牧通过一则《蜜蜂的赞美》告诉我们要像蜜蜂一样勤劳，多吸取别人的长处，做一个对人民、对社会、对国家有用的人才：

全世界的昆虫，给人类赞美得最多的，大概要推蚂蚁、蝴蝶、蜘蛛、蚕、蜜蜂这几样昆虫了。

人们对于蜜蜂的赞美，尤其是充满哲理的情趣。在思想史上、艺术史上许许多多人都歌颂过蜜蜂。这不仅仅是因为蜜蜂能够酿蜜，而且也因为，蜜蜂酿蜜的方法，给人以重要的启示。它能够博采，又能够提炼，终于，黄澄澄、香喷喷的蜜糖给酿造出来了。它酿的蜜可以说是一种卓越的创造。

蜜蜂采蜜的辛勤，可以从这么一个有趣的统计里面看出来：一只蜜蜂要酿造一公斤蜂蜜，必须在一百万朵花上采集原料。假如蜜蜂采蜜的花丛同蜂房的距离平均是一公里半，那么，蜜蜂采一公斤蜜，就得飞上四十五万公里，差不多等于绕地球赤道飞行十一圈。

看了这样的材料，尝过那味道浓郁的甜蜜，你怎能不对世界上这种神奇的小昆虫由衷的赞美呢！

十六世纪英国著名的哲学家培根，讲了一个譬喻赞美过蜜蜂。他把盲目地堆集材料的求知识方式称作蚂蚁的方式；把主观地随意创造体系的方式叫做蜘蛛的

方式；而真正的哲学家，则是像蜜蜂一样。它们从花园和田野里面的花朵采集材料，但是用它自己的一种力量来改变和消化这种材料。几百年的时间像流水一样过去了，培根许许多多的话题已经为人们所遗忘，但是他那句"知识就是力量"的警语，和这个有趣的譬喻却一直在各地广泛流传。

鲁迅先生在他的书简里面，也曾经告诉一个青年人说：必须如蜜蜂一样，采过许多花，这才能酿出蜜来，倘若叮在一处，所得就非常有限……。郭沫若同志也曾经以蜜蜂采花作譬喻，来说明艺术真实和生活真实的关系，以及它们之间的异同。

蜜蜂，这小小的昆虫，人们献给它多少赞美之词！它那种酿蜜方式，使人想起了一切成功的学习、工作和经验。

由于广泛地吸收，来源就丰富了。

由于接受每一朵花中最甜美的东西，而不杂乱地搬取，材料就比较上乘了。

由于搜集来的东西是经过自己的重新酿造，因此蜂蜜就比一般鲜花的甜汁要甜美和精粹得多。虽然人们还可以从蜜糖的色泽和味道上分辨它们究竟是橙花蜜、荔枝蜜、枣子蜜或者苜蓿蜜，但是在蜜糖中已经再也看不到橙花、荔枝花、枣子花、苜蓿花的影子了。甚至作为花的甜液的那种状态也已经不见了。蜜成花不见，是经过蜜蜂的一番重新创造的。

多么令人称道的酿蜜方式，多么令人赞美的辛勤！

我们阅读许许多多艺术大师的传记，在某些地方，可以发现他们是有共同之处的。在学习、工作上，他们都注意广泛求师，在博采诸家之长以后，又别出心裁地发扬自己的独创性，并且锲而不舍地辛勤做事，在崇高思想的指引下，一步步创造出成绩来。就因为这种方式使人想起蜜蜂，蜜蜂——那金黄色的奇妙的小昆虫才获得人们那样多的赞美。

不广泛地吸收，是谈不到博大精深的。一条大河总得容纳无数的小溪、小涧的流水，一座几千米的高山总得以一个高原作为它的基座。小小的水源，最多只能形成一个湖沼；荡荡平川，也不会有什么戴着冰雪帽子的高峰。

想到这些道理，蜜蜂的启示，不但对于前代的人们，不但对于学术工作，而且对于今后的人们，对于文艺工作和一切其他工作，恐怕也是永远有用的吧。因此，我们尽可把蜜蜂人格化，为它献上一项桂冠。

秦牧先生写的这篇《蜜蜂的赞美》一方面要求我们像蜜蜂一样自己动手，一方面又教育我们要从实践经验中获取真知。很多家长都觉得把自己花了半辈子时间获取的经验告诉孩子就行了，干嘛非得让孩子辛辛苦苦地在实践中获取经验呢？持这种说法的家长的误区在于混淆了间接经验与直接经验的区别。间接经验主要是从书本上得来的或者由口头传达、表述的，并不是经过自身的努力得来的，而直接经验主要靠亲身实践，从实践中获知真理。当然，直接经验和间接经验对孩子而言，都是必须的。在家庭教育中，家长既要向孩子传达间接经验，又要鼓励孩子动手获得亲身实践的直接经验，能够让孩子在实践中获得乐趣。

第一，要让孩子领会参与实践的重要意义。

有些家长平时上班很忙，无暇顾及孩子的日常生活。忙完一天的工作回到家，发现家里被孩子弄得乱糟糟的，不自然地就会有一股无名火冲上来，大声地对孩子叫嚷，而带着孩子参加社会实践的时间更是少之又少。实际上，孩子最终要走向社会这所大学，家长应该抽出一点时间，多带孩子出来参与社会实践，比如社区组织的志愿者服务活动、学校组织的捡一些废弃的瓶子回收利用的活动等，都是参与实践活动的好方法。比如，兵兵学校有这样一份家庭作业，让孩子注意搜集家里人喝过的矿泉水瓶子，一个月过后，要求学生将搜集来的瓶子带到学校，和自己的父母一起考虑如何回收利用它们，兵兵和爸妈一起完成了一项最有意思的实践课，他们将这些废弃回收的塑料瓶子做成了一辆坦克模型。兵兵不仅在活动实践中获取了知识，还从实践中获得了快乐。

第二，正确引导孩子参与实践的内容和方法。

引导孩子参与社会实践，不仅仅需要学校教师的积极提倡和鼓励，还需要得到家长的进一步支持和孩子自己的自觉性和主动性。家长要保持和学校的沟通，正确引导孩子参与社会实践，要求孩子不能偷懒或者只是做做样子，应该鼓励孩子把这件事当成自己的事情去做，不要只是当成好玩儿的去做。比如，一场大雪过后，马路两边的人行道上堆满了一层厚厚的积雪，街道、社区组织了自愿扫雪的活动，这个时候家长就可以叫上孩子一起参与活动，告诉孩子要把扫雪这件事

当成自己的事情来做，认真踏实地做。这样，能够让孩子在劳动中获得感知世界的一种方法。

第三，发挥孩子在实践中的重要作用。

参与社会实践的主体是孩子，家长主要负责引导孩子学会劳动的方法和意义，注意孩子的安全，防止意外事故的发生。因此，在参与社会实践的过程中，要充分发挥孩子的实践主体的作用。比如，学校布置的一项简单的社会调查，应该由孩子先设计题目和选题，家长可以帮助孩子在选题的依据上多加斟酌，帮孩子印刷，并且帮助孩子参与社会调查，但是孩子能够做到的事情尽量交给孩子去做。

➘ 勤劳，可以把万事万物变成黄金

◎ 勤劳的孩子将来更幸福

有些家长不愿意让自己的孩子干活，甚至是起身拿水喝这样的事儿都要为孩子去办，渐渐地，孩子就养成了懒惰的坏毛病。有时候，家长总是找一大堆的借口和托词为孩子开脱：

说法一：孩子太小，学习负担也重，没有时间让孩子做那些小事儿。

这些并不构成让孩子坐享其成的原因。正是因为孩子小，才要教育孩子自己能够做到的事情要自己动手去做，不然，孩子长大了，他已经养成了这样一种坏毛病，自己能够做到的事情也不愿意动手去做，而是希望一贯为自己打理生活和学习的家长代劳。所以，教育孩子一定要从小抓起。孩子的学习负担重，家长们说的恐怕是孩子的家庭作业任务重。孩子做家庭作业耗时长，有时候并不是因为题量太大，或者是题目过难，而是因为孩子们总是三心二意，做作业的时候喜欢磨蹭。家长可以监督孩子，让孩子充分利用时间，在有限的时间内做出高效率的劳动，可以在其他的空余时间给孩子安排一些力所能及的任务。

说法二：孩子做事总是糟蹋东西，还不如自己来。

孩子年纪小，有些事情做不好，这是实际情况，但是家长们不能因为孩子做不好就不让孩子去做。比如，孩子刚开始学习择菜的时候，总是不知道应该留下哪些部分，扔掉哪些部分，所以老是本末倒置，家长还不如让孩子到一边玩耍，自己来择菜，这样既节约时间又不会浪费。孩子能够坐下来择菜已经是一大进步了，家长可以耐心仔细地教孩子，不应该因为孩子不会就不让孩子来做，否则，孩子就是永远长不大的孩子。

说法三：心疼孩子，怕孩子吃苦受累。

很多家长都觉得自己当初吃了很多苦，现在终于到了好好补偿孩子的时候了，于是认为孩子就是享福的一代。不希望孩子自己动手去做一些事情。

以上这几种观点和看法带有一定的感情色彩，家长爱护孩子是正当的也是必须的，但是家长一定要记住不要让爱变成一种伤害。

四、健康的身体让生命处于最佳状态

↘ 有阳光心态，更要有健康的体魄

◎ 健康最重要

法国思想家伏尔泰（Voltaire）的至理名言"生命在于运动"，现已被世界上多数人闻知。现在的日常生活中，也经常听见人们讨论健康和运动的话题，经常参加体育活动或者到健身房锻炼身体的人们越来越多，一项调查结果显示，挪威体育人口占总人数的67%，美国占64%，德国占61%。目前，我国的群众性体育活动也正在进入千家万户，每天清晨或者傍晚，在公园里、社区里、校园里等随处可见大型的群众性集体练身的活动，而这些活动也正在成为他们日常生活中最具有意义的部分。但是值得我们注意的是，这些锻炼身体的人群当中却很少见到孩子们的身影。孩子们的健康状况令人担忧：

第一，小学生体育锻炼普遍偏少。

第二，电视、电脑和游戏机渐渐成为孩子们的玩伴，孩子近视率明显增高。

第三，牙齿出现龋齿的情况严重。

第四，肥胖症孩子过多。

为什么孩子们的健康状况如此堪忧呢？我们可以对此略加分析：首先是体育教育的缺失。虽然我国一直大力提倡并推进素质教育，但是仍有很多工作做得不到位，比如"升学率"在众多学校和家长的心目中挥之不去。随便到中小学生的校园里看看就会发现，校园里总是静悄悄的，除了孩子们朗朗的读书声和练习唱歌的声音之外，竟然没有体育锻炼的踪影。孩子们只是在下课的时候，嬉笑怒骂一会儿，待上课铃响又急匆匆地赶着去上课学习。对于学校而言，他们仍然把"升学"看作教育的终极目标，给孩子安排的课表上通常都是满满的文化课，将孩子们本来就少得可怜的体育课强行剥夺。有些学校倒是给孩子们安排了体育课，但是体育课就像是自由活动时间一样，没有专门的老师去指导他们，很多学生觉得无聊就又返回教室拿起书本来读来看，这和没有安排体育课又有什么区别呢？对于学校的做法，很多家长表示可以理解。因为家长和学校的观念是一样的，他们的唯一希望就是让孩子好好学习文化课，体育课这些都可以不上、不学习。殊不知，他们在苦苦地逼迫孩子的同时，孩子的健康已经受到了相当严重的摧残。

曾有一个朋友的孩子，从小学、初中到高中都是尖子生，学习成绩优秀，可是就在他刚刚升入名牌大学的那个暑假里得了肌肉萎缩症。朋友非常懊悔将自己毕生的精力都投入在孩子的学习上，从来不过问孩子的身体状况，孩子也从来不参加任何体育锻炼，最后给自己和家庭带来了不可挽救的永远的伤痛。

其次是不良生活习惯的影响。城市里到处都是摩天大楼，供孩子玩耍的场合越来越少，与其到郊外玩耍，孩子们更希望待在家里。于是，家里的各种电子设备就成了他们最好的玩伴，电脑、电视机、游戏机等渐渐成为孩子们生活中必不可少的工具。然而，过多地接触电子设备，给孩子带来很多危害：孩子的视力逐年下降以至于小小年纪就要佩戴厚厚的镜片；孩子不愿意与人沟通交流，导致抑郁症儿童的比例逐渐增加……

最后是饮食习惯的不合理。孩子偏食和营养不合理以及营养过剩，都会给孩子带来烦恼。有的孩子喜欢吃糖，于是出现了龋齿；有的孩子不喜欢吃蔬菜和水果，于是导致维生素缺乏；有的孩子营养过剩，肥胖症成了挥之不去的噩梦……

针对孩子的这一健康状况，浙江省宁波市海曙区信谊小学启动了一项活动：学校针对学生的不同情况，每天都会给每位学生一份与众不同的家庭作业，这份家庭作业是体育活动中的一项，诸如踢毽子、跳绳、投篮、跑步等，这一活动已经坚持了三年。

那么，家长应该怎么帮助孩子打造一个健康的体魄呢？我们建议家长至少要做到以下几点：

首先，关于孩子的饮食问题，营养是基础。要保证孩子一天都充满活力，一日三餐都要安排恰当。俗话说"早上要吃好，中午要吃饱，晚上要吃少"，这是有一定道理的。特别是早餐的膳食结构对孩子一天所需的营养补给起着很大的作用。家长可以有意识地为孩子准备营养丰富的早餐，早餐可以安排面包、牛奶（或者米粥）、鸡蛋和小菜，当然家长也可以根据家庭的饮食习惯加以调整。午餐是一天之中很重要的一餐，其营养吸收比例将近百分之四十，应该多给孩子补充肉类和蛋类食品，同时也要注意让孩子多吃水果和蔬菜。晚餐可以少吃，因为孩子入睡较早，活动较少，多吃容易造成体内营养堆积。同时，还要改掉孩子的偏食毛病。随着家庭生活的改善，食品种类的丰富，孩子总是挑三拣四，觉得这个不想吃那个不好吃。偏食最容易导致孩子身体中某种营养成分的缺失，给孩子的健康带来严重的危害。家长应该教育孩子平衡饮食，尝试让孩子喜欢的东西和不喜欢的东西都吃一点，慢慢养成不挑食的好习惯。

其次，要合理安排孩子的作息时间。俗话说"不会休息的孩子就不会学习"。休息时间对于孩子的学习和健康至关重要。家长要教育孩子早睡早起，孩子的就寝时间直接影响其睡眠质量，就寝时间过早孩子不容易入睡，过晚容易造成孩子睡眠不足，这两种情况都会影响孩子第二天的学习。因此，家长可以根据孩子的作息规律，帮助孩子建立一个作息表，督促孩子按时就寝和起床。

最后，要加强体育锻炼。家长应该利用晚上的休息时间，多带孩子到家门口的空地或者是广场上和孩子一起玩耍，可以踢毽子、打羽毛球、跳绳、跑步等，有意识地锻炼孩子。周末的时候，可以带孩子逛公园或者到郊外爬山，增强孩子的体质。

↘ 越玩越出色，玩耍中感悟大智慧

◎ 玩物不一定丧志

锻炼身体不一定非要去健身房或者是操场，家长还可以通过做游戏的方法和孩子一起锻炼身体，提高孩子智力。下面我们来介绍一下适合初上小学的孩子们和家长一起玩的游戏：

1. 滚皮球游戏。这个游戏需要孩子、爸爸和妈妈三个人一起玩。妈妈和爸爸相距五米站立，孩子站在爸爸妈妈的中间。由妈妈开始发球踢向爸爸，站在中间的孩子要躲过皮球，如果孩子没有躲过皮球而是身体的哪个部位碰到了皮球，就算输。如果孩子顺利地躲过了皮球，就算孩子赢了。

2. 从这到那。在这个游戏中爸爸可以充当裁判，妈妈和孩子充当选手来比赛。划定一个由 A 至 B 的五米的距离，要求参与者使用不同的方式从 A 到达 B，可以采用走路、跑步、扭步、跳舞等各种方式，但是每一次每个人的方式都不允许重复。如果方式重复或者没有在规定的时间内走完就算输。

3. 揪尾巴游戏。事先准备好两条彩色布条，彼此系到各自后面的裤腰部。命令一开始，双方互相抓对方的彩色"尾巴"，被抓到的一方输，另一方赢。

4. 开飞机游戏。爸爸双手夹住孩子的咯吱窝，将孩子高高举起。孩子双腿夹紧爸爸的腰部，双手平举，身体向前倾，做成机翼的样子。

5. 小松鼠捡蘑菇游戏。事先用纸裁剪成许多小蘑菇的形状，并且把这些小蘑菇涂抹上鲜艳亮丽的色彩。将这些做好的小蘑菇撒在空地上，让孩子提一个小花篮或者是小纸盒，一边给孩子讲故事，一边引导孩子完成一些动作。可以这样对孩子说："眼看着冬天就要来了，天空中还飘起了雪花。北风呼呼地刮着，松鼠妈妈很担心，要是蘑菇在地里冻坏了那多可惜啊。可是松鼠妈妈的一条腿有毛病，走起路来跟跟跄跄的，只能干着急。小松鼠见到妈妈着急，就对妈妈说：'妈妈，我来帮你吧！'于是，小松鼠就学着妈妈的样子开始采摘蘑菇。"妈妈在讲故事的时候，可以引导孩子，小松鼠是怎么跳的呀？你看，地上有这么多的蘑菇呢，快点学着小松鼠的样子做，我们把

蘑菇都捡起来好不好？

↘ 家长们，请把运动时间还给孩子

◎ 生命在于运动

2013年1月17日，《人民日报》"体坛观澜"栏目发表了一篇"把运动时间还给孩子"的文章，对我们当下孩子的体育运动很有启发意义：

孩子身体素质下降令许多家长感到忧心。中小学体育教育的薄弱环节在哪里？

近日，在"首都30年教龄体育教师座谈会暨青少年体育教育论坛"上，百余位来自基层的老体育教师们发出了焦虑之声："与35年前相比，甚至20年前、10年前相比，如今青少年的体质太差了。我们非常着急，真希望社会各方面都来重视孩子们的身体健康，别为了中考和高考把属于孩子的运动时间都给侵占了。"

焦虑的不只是体育教师们。实际上，"初中男生做不了一个引体向上"、"大学生军训频频晕倒"、"学生1000米测验时猝死"的报道屡见报端。青少年体质下降已成为社会关切的话题。

在很多地方的中小学校，无论是体育设施还是体育教师编制、待遇等方面，都没能跟上社会发展的脚步。体育课时、场地、经费不能保证，被挪用和占用的情况屡有发生。"德智体全面发展"的教育方针，并未得到充分认识和真正落实。体育成为应试教育的牺牲品，面对升学与考试的压力，面对家长望子成龙的期待，个人成长最基础的保证——身体，反而被忽略和弱化。

老体育教师们呼吁，"把运动的时间还给孩子。"

"当年的体育课"成了感慨，老师们的呼吁令人深思。但呼吁能否改变现状？

老师们说，现在绝大多数家庭只有一个孩子，体育课如履薄冰。为了避免意外，一些学校做出了减少孩子户外体育活动或禁止参与一些运动项目的规定。来自家庭的压力是一方面原因，相关的保护、保险措施不到位也是防患于未然所缺失的重要环节。但体育课不能因噎废食，学校能否真正重视体育课，并创造出良好的环境，这是需要认真解决的问题。

从这个角度看，最重要的是"把运动的时间还给孩子"。如果以安全等理由牺牲孩子的运动乐趣进而影响孩子体质，更是得不偿失。

青少年体质下降非一日之寒，改变现状也不会一蹴而就。老体育教师们的呼吁应被更多人听到，毕竟，遏止青少年体质下降势头不能再付出30年的代价了。

"把运动时间还给孩子"，不仅仅是各位体育教师的呼声，也是全社会的呼声。现在大学校园的课堂上都普遍取消了女子3000米和男子5000米长跑，学校认为目前学生素质还达不到长跑要求，再加上最近几年长跑猝死事件的频频发生，校方害怕学生们在长跑中受伤，干脆取消了这一项目。表面上看，校方的这一规定很人性化，是站在学生的角度着想，实际上这里面潜藏着这样的事实：学生的身体素质正在普遍下降。鉴于大学生的这一情况，家长是不是要加紧帮助我们刚上小学的孩子锻炼身体、增强体质呢？

身体是革命的本钱，没有了健康的身体，不管做什么工作效率都会明显降低。所以，在孩子长身体的关键时刻，更要给孩子运动的时间，让孩子的身体越来越棒。

↳ 警惕，别让肥胖成为孩子的杀手

◎ 注意儿童健康的隐形杀手

"亲宝网"于2013年4月15日发表了一篇题为"太胖致死 宝宝能吃是好事？"的文章，文章讲到，一个名叫小莲的13岁的孩子因过度肥胖引起身体器官衰竭而去世。据网载，小莲身高不足130厘米，体重已超过160斤。小莲刚出生的时

候很瘦小，只有 3 斤，半岁时才长到 6 斤，体重和其他同龄宝宝相差甚远。经历了一场肺炎之后，小莲的体重开始飙升，每天的食量甚至超过了成人食量的几倍，当她 10 岁的时候，十分钟的路程她要走半个小时以上；11 岁时，穿衣服成了问题，常常需要爸爸妈妈的帮忙才能完成；再到后来，她连上厕所都需要别人搀扶着；极度肥胖引起了肺阻塞性气道异常，最后引起心功能衰竭。

上面这个例子真让人心惊。随着人民生活的不断提高，儿童肥胖已经不是身体健康的重要标志，反而成为儿童健康的隐形杀手。世界卫生组织肥胖症特别工作组主席詹姆斯（James）指出，"肥胖病将成为全球首要的健康问题"。2007 年和 2008 年联合国糖尿病的主题都是"关注儿童和青少年糖尿病"，这是继 1993 年"糖尿病与儿童成长"的主题之后，事隔十几年又提出的新的糖尿病对象，使得儿童和青少年的糖尿病和肥胖问题引起社会的广泛关注。一则统计报告显示，目前全球学龄前儿童糖尿病患者正在以每年 5% 的速度递增，十分惊人。如果，你的家中有一个肥胖或者过于肥胖的孩子，该实施什么样的对策来抑制事态的进一步发展呢？

首先，要让孩子每周至少参加三次长时间的体育锻炼。

很多家长认为，孩子过于肥胖，只要让孩子每天坚持运动一点点就好了。实际上，这种观念并不科学。如果仅仅依靠短时间的锻炼是不能达到从根本上"减肥"的目的的。研究数据表明，孩子必须每周坚持三天或者三天以上，每次运动时间不少于 30 分钟的锻炼时间才能够达到真正"减肥"的目标。当然，每天短时间的锻炼虽然达不到减肥的目标，但是会给孩子的身体带来好处。家长可以监督孩子的运动，在保证运动强度的情况下，对孩子运动时间也要有所控制。

其次，不能把成人的减肥方法强加到孩子身上。

成人的减肥方法大多是节食、吃各种减肥药或者是过度锻炼，把这些方法加在孩子的身上显然是不合适的。孩子正处于长身体的时候，一旦让孩子节食，其后果不堪设想。《重庆时报》就曾发过一条"12 岁女孩节食 2 年患厌食症，只有 10 岁小孩高"的新闻，引起无数人的讨论。市场上的减肥药很多都含有化学成分，短时间内可能会看到显著效果，但是对身体的伤害非常大，而且会出现反弹的情况。再者，很多成人锻炼过度，也会给肌肉带来拉伤和损害。孩子毕竟是孩子，家长千万不能按照成人的减肥方法来要求孩子，而是要和孩子一起制订一个翔实的计划，比如每天晚上到广场上一起跳跳舞、踢踢毽子、跑跑步，周末带孩子野外郊游、爬山等，都不失为好的策略。

五、这个世界对思考的人来说是出喜剧

➔ 打破常规，让你的思维飞跃起来

◎ 雪化了以后是什么

几年前看到的青铜峡市中滩中心小学的陈子铭老师在 2006 年第 5 期的《宁夏教育》上发表的《雪化了以后是什么》的文章，引起我们对当前学校教育现状的深思。他的文章内容节选如下：

一次课余闲谈，一位老师出了这样一则谜语："雪化了以后是什么？"某老师听后随口答道："太简单了，雪化了以后是水嘛！"这位老师说："你的答案太古老了，不对。"另一位老师说："雪化了以后是春天！"大家听后，不约而同地叫好，随后你一言我一语地评说起来，纷纷赞许，雪化了以后是春天，这种想法太奇妙了！

没过几天，学校组织期中检测，正巧四年级的语文试卷出了这样一道写话题："雪化了以后是什么？请你展开想象，写出自己的答案。"考场上，学生们展开了丰富的想象，有的写雪化了以后是水，有的写雪化了以后是春天，有的写雪化了以后是清泉，有的写雪化了以后是白云……我为学生们丰富的想象和独特的创新精神而感到欣慰。阅卷工作完毕后，我没有细查试卷，匆匆将试卷发给了学生。令我始料不及的是，学生们拿着试卷一下子把我包围了，纷纷指着那道题问我判错的理由。我细看试卷，感到十分诧异，原来评判这道题的教师只给写雪化了以后是春天的学生判定是正确的，写其他答案的，全部判定是错误的。一时之间，我不知该如何向学生解释，我为这位教师的思想僵化、因循守旧感到失望，为他的失误与不求甚解折伤了学生心灵的翅膀而感到惭愧。

学校里类似这样的教育故事还有很多。学生的创新性思维差、教师过于因循守旧，这不仅是教育的悲哀、教师的悲哀、学生的悲哀，更是社会的悲哀。面对孩子们整体创新性思维差的现状，家长应该适时地引导孩子学会逆向思维和创新思维。

创新思维，是指人们在创造具有独创性成果的过程中，对事物的认知情况，是一种较为高级的思维水准。在家庭教育中，家长应该注意教育孩子学会创新性思维：

首先，要培养孩子的想象力，帮助孩子学会发散思维。

培养孩子的想象力，首先需要家长善于想象和联想，善于发散思维，保持一颗童心和好奇心。当孩子和家长一起逛街的时候，家长可以联系看到的路边景象设置情景与孩子进行交流。比如，甜甜的妈妈和甜甜在一家甜品店用餐，看到甜品店的墙壁上贴满了孩子们的剪纸，剪纸上写着孩子们对自己的期盼和关于未来的想象，有的写着"长大了，我要带爸爸妈妈环游世界，住在一个和水晶一样的房子里，养一头大象"，有的写着"今天在画册里看到一只像大象一样的蚂蚁"，有的写着"白白的雪，既像白糖又像白盐，不知道它到底是甜的还是咸的"，读起来很有意思。甜甜妈妈有意识地引导甜甜说："甜甜，你看，那些孩子们的梦想都贴在墙上呢。这些剪纸多漂亮啊，有小象、猫、花，还有太空飞船呢。要不我们也来做一个吧。"甜甜也被墙上花花绿绿的剪纸吸引了，就爽快地答应了妈妈的这一提议。然后，甜甜母女两个就开启了她们的想象和创新思维之旅。

其次，激发孩子从多个角度思考问题。

很多孩子在长期的思维锻炼中形成了"思维定式"。思维定式，是指人们的思维活动具有某种明显的趋向性，这种思维模式有一定的积极作用，当遇到相同或者类似的问题时，能够帮助我们迅速找到解决方法，最终找到答案。但是，思维定式也有很大的负面影响，当我们思考问题的时候，往往因为思维的趋向性而成为我们发散思维的障碍和拦路虎，从而使思维受限。家长应该激发孩子从多个角度思考问题来帮助孩子克服思维定式带来的副作用。家长可以给孩子讲解"乌鸦喝水"、"司马光砸缸"和三国时期"曹不兴画苍蝇"的故事来说明创新性思维的重要性。

↘ 是培养创新型人才，还是制造机器

◎ 家庭教育是关键

一次美术课上，朋友在黑板上画了一个圆圆的圈，问孩子们："请大家告诉我，你们看到了什么？"没想到，几乎所有的孩子都异口同声的回答说："是圆圈。"朋友对孩子们的思维能力感到很疑惑，就鼓励大家展开想象，根据日常生活中物品的形状来猜这个圆圈还有可能代表什么，在朋友的多次鼓励和引导下，孩子们变得活跃起来，有的说是皮球，有的说是大西瓜，有的说是大饼，有的说是地球，还有的说是光盘……教学当中的很多事情都让我们对当前学校的教育机制开始反思，学校教育是培养创新型人才，还是制造机器？

相对于学校教育来说，家庭教育更容易操作和把持。所以，培养孩子的创新性思维一定要从家庭教育抓起。很多家长反映，因为自己缺少创新性细胞，不知道该如何引导孩子，在教育孩子创新性思维方面存在一定的难度。实际上，要培养孩子的创新能力并不难，家长们可以尝试以下几种方法：

方法一：为孩子创造充满创新意识的家庭氛围。

家庭是孩子主要的生活环境，家长是孩子接触最多的人物，家长的行为或多或少会影响到孩子的行为和思想。在培养孩子创新能力方面，家长要为孩子作出表率，为孩子创造充满创新意识的家庭氛围。比如，昕昕喜欢自己动手制作一些东西，有时候还需要用到小刀、剪刀等工具，昕昕的妈妈觉得昕昕做这些东西存在一定的危险，但是为了培养孩子的创新能力，并没有强行规定昕昕不许接触刀具，而是和昕昕一起，在为昕昕突发奇想的时候为她提供一点帮助。试想，如果家长认为什么都太危险，这儿不许孩子动，那儿不许孩子碰的，那么孩子就不会再为自己有一个新奇的想法而动心进而付诸实践了。如果家庭教育中遇到类似情况，家长应该鼓励孩子动手去做，当然家长也可以和孩子一起去做，既可以为孩子提供帮助和建议，又可以保护孩子，防止意外事故的发生。

方法二：善于激发孩子的好奇心。

有好奇心的孩子不一定有创新能力，但是没有好奇心的孩子一定不会有创新能力。富有创新精神的孩子，一般都是在好奇心的驱使下进一步观察和思索的。比如，小华的爸爸很喜欢养花，家里的窗台上摆满了各种各样的花，小华每天清早都会看见爸爸在为花浇水、剪枝，有时候还会欣赏好一阵子。有一次，小华也想自己养一盆花，于是他就找来家里废弃的一只花盆，趁着爸爸不在家偷偷剪了一枝雏菊花和一枝太阳花种在了自己的花盆里。爸爸下班回家后，发现了小华的"小伎俩"，当时就当做没有看见，接下来就观察小华的举动。过了四五天之后，小华发现自己种的雏菊死掉了，而太阳花却活得好好的，甚至还长出了一个嫩黄的花苞。小华看到这一现象就向爸爸请教。这个例子对于家庭教育中激发孩子的好奇心很有启发性，当孩子迷上一件东西的时候，家长一定不要急于否定孩子，可以事先观察孩子，进一步了解孩子，保护孩子的好奇心。

方法三：鼓励孩子的探索性行为。

冰心曾经说："淘气的男孩是好的，淘气的女孩是巧的。"孩子淘气不一定就是坏事，说不定是他创新能力的一种体现。比如，小峰总是喜欢拆卸和组装东西，妈妈花了很多钱给他买的机械玩具，他不知道拆了多少遍，现在的小峰已经可以很熟练的拆卸和组装他的那堆玩具了。刚开始的时候，小峰的妈妈非常恼火，她下班回来，发现小峰把自己给他买的玩具汽车的零件全部拆卸下来了，各个部位的零件撒了一地，小峰妈妈很快抑制住了自己内心的怒火，而是温和地问小峰："哟，我们家出了一名工程师啊，还是个机械工程师呢，来给妈妈示范示范，看看我们小峰是怎么把这个小汽车组装起来的。"小峰一听很高兴，但是自己实在

不会组装，于是在妈妈的帮助下重新把小汽车组装起来了。这个案例说明，孩子有时候会有自己的想法和探索性行为，家长可以根据他们的行为作出判断，如果这一行为的出发点是好的，就应该鼓励孩子们去做。

↘ 这就是思想家的截然不同之处

◎ 世界是一出喜剧

西方有一条谚语说："这个世界对于会思考的人来说是出喜剧，对于不善思考的人来说是出悲剧。只有善于思考的人，才是力大无比的人。地球上最神奇、最瑰丽的花朵，就是思考。"有很多关于思考的故事，家长都可以和孩子一起分享，比如隋晓明《管理就这几招》中介绍了《把梳子卖给和尚》的案例：

这是某公司创业之初发生的一个故事。公司面对众多的应聘人员出了一道测试题：想办法把木梳尽量多地卖给和尚。几乎所有人都表示怀疑：把梳子卖给和尚，这怎么可能？有没有搞错？于是纷纷拂袖而去，但还是有甲、乙、丙三个人勇敢地接受了挑战。负责人交代："以 10 日为限，届时向我汇报销售成果。"

10 日期限到。甲只卖出了一把，并讲述了历经的辛苦，游说和尚应当买把梳子，无甚效果，还惨遭和尚的责骂，好在下山途中遇到一个小和尚一边晒太阳，一边使劲挠着头皮。甲灵机一动，递上木梳，小和尚用后满心欢喜，于是买下 1 把。乙卖出了 10 把。"怎么卖的？"负责人问。乙说他去了一座名山古寺，由于山高风大，进香者的头发都被吹乱了，他找到寺院的住持说："蓬头垢面是对佛的不敬，应在每座庙的香案前放把木梳，供善男信女梳理鬓发。"住持采纳了他的建议。那山有十座庙，于是买下了 10 把木梳。

到了丙时，丙答道："1000 把。"负责人惊问："怎么卖的？"丙说他到一个颇具盛名、香火极旺的深山宝刹，朝圣者、施主络绎不绝。丙对住持说："凡来进香施善者，多有一颗虔诚之心，宝刹应有所回赠，以做纪念，保佑其平安吉祥，鼓励其多做善事。我有一批木梳，您的书法超群，可刻上'积善梳'、'智慧梳'等字以做赠品。"住持大喜，立即买下1000把木梳。得到梳子的施主与香客也很是高兴，一传十、十传百，朝圣者更多，香火更旺。

上面这个案例虽然是当今营销学中的经典案例，但对于孩子的发散思维也是很有帮助的。把木梳卖给和尚，这听起来有点匪夷所思，但是不同的甲、乙、丙三个人，就有截然不同的思维方式。家长可以结合社会中具体的例子来展开对孩子的教育。下面这个例子也是锻炼孩子的思维能力的：

某个国家要从以下三个人中选择一个作为国家领导人，动动脑筋，你觉得会选谁？

1. 第一个人，曾经笃信巫医和占卜，风流好色，曾经同时拥有两个情妇。有多年的吸烟史，同时也有嗜酒的习惯。

2. 第二个人，曾经是个放荡不羁的家伙，曾经两次因犯错误被赶出办公室。每天要到中午才起床，上大学时候有吸食鸦片的劣迹，每晚都要喝一公升左右白兰地。

3. 第三个人，一个合格的军人，曾是国家的战斗英雄。在生活上一直保持着素食的习惯，从不吸烟，只是偶尔喝点啤酒。性格豪爽奔放，年轻的时候从来没干过任何违法的事。

正确的答案是：第一个人是罗斯福，第二个人是丘吉尔，第三个人是希特勒。和孩子分享这些故事，一方面可以帮助孩子扩散思维，另一方面能帮助孩子获取知识。关于孩子创新能力的培养，也需要家长的努力。家长可以趁闲暇时间多买点创新能力和扩散思维方面的书，利用其中简短但充满人生哲理的小故事和孩子分享，在分享中提高孩子的创新能力。不断思考的过程，就是一个不断自我提升的过程，相信孩子会在故事中汲取营养，发现一个不一样的世界。

↘ 拔出的禾苗是永远长不出稻穗的

◎ 善于动脑的孩子最聪明

说起来，"拔出的禾苗是永远长不出稻穗的"还有这样一则哲理故事：

有头熊自觉头脑一般，便找到狐狸，对它说："咳，狐狸，听说你的脑袋是出了名的好使，那么，你想办法让我的脑子变得富有想象力点吧。"狐狸打算戏耍它一番，回答说："我不敢肯定，但可以试一试。"

他们来到田边，狐狸对熊说："看到田里的禾苗了吗？有种魔法，如果你去让它们长快一点，对你可是大有裨益的。"熊于是兴冲冲跑到田里，照狐狸的话把它们拔出一点。

接着，他们来到河边，狐狸指着水下的砾石说："注意到没有，那便是著名的智慧种子，如果你能让它们生根发芽，你将受益无穷。"于是熊跳进水里，捞起成捧的石块，拿到河边深深掩埋。

"要到什么时候，"熊迫不及待地问，"这些魔法才能产生效力？"

"不久，"狐狸回答说，"只要拔出的禾苗长出稻穗，埋下的石头能够开花结果，你就是森林里最聪明的动物了。"

熊对此深信不疑，从此，它每天都要跑去看禾苗与石头的长势。

故事中的熊是一只不动脑筋的熊，它受到了别人的戏弄还浑然不知。主要根源就在于它凡事都听别人的，没有独立思考的习惯。独立思考能力的培养，不仅仅只是能提高孩子的思想水平，对孩子心理状态的调整也起着至关重要的作用，很多心理承受能力和心理状态差的孩子都是因错误的思维习惯、思维陷阱和思想偏差引起的。

怎样有效地培养孩子的独立思考能力呢，家长不妨借鉴下面的几招：

方法一：培养孩子搜集和整理信息的能力。

独立思考的过程，是一个在搜集和整理信息的基础上对事物的认知过程。一般而言，人们总是能够在搜集和整理信息的过程中发现事物的与众不同，进而得出新的结论。孩子的观察能力较强，有时候甚至要超过成人的观察能力。家长应该根据这一点，多培养孩子搜集和整理信息的能力，以期通过自己的思考来获取实践认知。比如，家长可以给孩子一些技巧性的两幅漫画，让孩子挑出来两幅画里有哪些不同，可以教孩子关于玩具、食品等的分类……

方法二：鼓励孩子多提问题。

孩子初上小学的时候，正是对世界上万事万物充满好奇的时候，他们的脑海中常常储存着大量的千奇百怪的东西，所以市面上有很多《十万个为什么》的读本。给孩子讲故事的时候，可以联系孩子的好奇心理，多给孩子提几个问题，比如当讲到小白兔的故事的时候，可以问孩子："你觉得大灰狼是聪明的吗？""小白兔是怎样辨别那个声音不是大白兔妈妈的呢？""你可以试试捏着鼻子说话，自己听听声音和以前有什么不一样？"等等，这些问题看起来很简单，但是答案都要经过孩子的用心思考，不管孩子如何作答，答案正确与否，家长都要肯定孩子独立思考的过程，然后再帮助孩子一起寻找答案。

方法三：教孩子逻辑思维、辩证思维和归纳演绎等思维方法。

可以适当地选择一些逻辑思维训练的指导手册，教会孩子简单的逻辑推理，比如可以这样问孩子："小麻雀是鸟类，鸟类都有翅膀，那么小麻雀有翅膀吗？"告诉孩子一些价值评判的知识，比如任何事物都有积极的一面，也有消极的一面。教孩子学数学的时候，可以给孩子讲解一些归纳法和演绎法，并把这些方法运用到社会生活当中。

第四章
学习是劳动，是充满思想的劳动

一、上学伊始，培养孩子集中注意力

➤ 哪里没有兴趣，哪里就没有记忆

◎ 兴趣是最好的老师

有很多家长反映自己的孩子总是会开小差。比如婷婷的妈妈就曾经说过当给婷婷讲故事的时候，发现她总是会问故事的前半部分，对故事的后半部分不闻不问，甚至也不知道故事的最终结局；吩咐和叮嘱她的事情，要给她重复好几次，婷婷都会爽快的答应下来，然而过了一会儿，婷婷又去问妈妈刚刚叮嘱她让她做什么。

生活中，有很多的家长对自己的孩子的观察都细致入微，当他们发现孩子出现一点异常的时候就担心得要命，害怕是不是孩子出现了什么问题。由于孩子的神经系统不成熟和大脑发育的不成熟，孩子对一件事物的注意力相对成人来说比较短暂。实际上，除了孩子个人的主观因素之外，孩子的注意力和他本人对这个事物的感兴趣程度有关。比如，冰冰对妈妈讲的"小红帽"的故事特别感兴趣，对小红帽在大森林里采蘑菇的那一段尤其着迷，每当妈妈讲到这里的时候，她都会在地上摆满自己的玩具，把这些玩具当成"蘑菇"，一蹦一跳地采摘它们。东东对电视中出现的跳舞的节目非常感兴趣，每当电视里的舞蹈一出现，东东就不由自主的跳起舞来，当电视节目结束的时候，他仍然不依不饶地吵着还要看。

除了兴趣之外，还有很多影响孩子注意力的因素，比如外部的环境、休息状况等。培养孩子的注意力，家长可以参考下面的几条建议：

第一，可以在游戏中培养孩子的注意力。

恒初网《五招训练孩子集中注意力》中说："前苏联心理学家曾做过这样一个实验：让幼儿在游戏和单纯完成任务两种不同的活动方式下，将各种颜色的纸分装在与之同色的盒子里，观察孩子注意力集中的时间。实验结果发现，在游戏中4岁幼儿可以持续进行22分钟，6岁幼儿可坚持71分钟，而且分放纸条的数量比单纯完成任务时多50%。在单纯完成任务的形式下，4岁幼儿只能坚持17分钟，6岁幼儿只能坚持62分钟。实验结果表明，孩子在游戏活动中，其注意力集中程度和稳定性较强。因此，我们可以让孩子多开展游戏活动，在游戏中培养婴幼儿的专注力。"

媛媛的母亲就很注意培养孩子的注意力。比如，媛媛有一次把自己的玩具都抱了出来，一会儿玩玩那个，一会儿又玩玩这个，不一会儿的工夫，地上全堆满了媛媛的玩具。后来，媛媛不想玩了，就自己把东西收拾起来。这时候，媛媛的妈妈就把媛媛收集起来的玩具一一摆列在桌子上，对媛媛说："你数一数现在桌子上一共有几个玩具啊？"媛媛掰开指头数了数说："妈妈，是六个。"媛媛妈妈一边高兴地说"媛媛真聪明，是六个"，一边趁媛媛不注意顺手拿起一个玩具塞到了桌子下面，又对媛媛说："咦？怎么回事？刚刚还是六个呢，怎么突然变成了五个？媛媛，你的哪一个玩具不见了呀？"媛媛仔细地又数了一遍，大声说："妈妈，小花篮不见了，肯定是妈妈拿的。"于是开始四处找起来。让孩子找玩具的这种办法也可以有效地培养孩子的注意力。

第二，要求孩子在规定的时间内完成作业。

很多孩子做家庭作业的时候总是拖拖拉拉的，本来十分钟就能够完成的作业非得用半个小时，一会儿想吃东西一会儿想看一眼电视剧，注意力很不集中。很多家长为了改善孩子注意力分散的习惯，常常喜欢到孩子身边"站岗"，这种"站岗"的方式其实是很不科学的。有效改善孩子做作业注意力不集中的问题，家长可以给孩子明确规定一个时间段，既能培养孩子的专注力，又能提高学习效率。但是，值得注意的是，孩子的注意力与他的实际年龄相关，一般来说，五至十岁的孩子的注意力是 20 分钟，十至十二岁的孩子的注意力是 25 分钟，十二岁以上的孩子注意力是 30 分钟。因此，家长在给孩子规定时间的时候，注意要规定在 30 分钟以内而不要超过 30 分钟。

第三，对孩子讲话不要重复。

如果家长习惯于将叮嘱孩子的话做多次重复，孩子很容易产生依赖感。在课堂上听老师讲课的时候，如果老师把重点内容只讲了一遍，孩子很可能就会没有听清或者是没有记住，给孩子的学习带来不好的影响。所以，家长在和孩子谈话、交流的时候，不要刻意地将谈话内容强调多次，注意不要让孩子产生依赖感。

第四，有意识地训练孩子的听力。

"听"，是孩子获取外界信息的主要来源。孩子在课堂上的学习情况主要靠"听"和"看"，所以，"听"对孩子来说尤其重要。家长平时可以给孩子听一些轻音乐或者儿歌，或者利用给孩子讲故事的办法来训练孩子的"听力"。

❧ 游手好闲的学习与学习游手好闲

◎ 注意力不集中还不如放轻松

约·贝勒斯曾说过一句至理名言："游手好闲的学习还不如学习游手好闲"，意思就是不认真、马马虎虎、走马观花式的学习是没有作用的，还不如从一开始就放轻松。这句话主要强调的就是学习时候的专注力。

法国生物学家乔治·库维也说过："天才就是不断地注意。"我们之所以能够认识我们周围的环境和人物，就是我们不断地用自己的眼睛、嘴巴、鼻子、手足等来感知它们，在感知的过程中搜集和整理一些有效信息，并通过这些信息来了解世界、认知世界。崔华芳、李云著《培养孩子注意力的 50 种方法》就讲述了英国细菌学家弗莱明发明青霉素的故事：

　　1928 年 9 月的一天，英国伦敦圣玛丽医院的细菌学家弗莱明像往常一样，来到实验室工作。

　　在实验室一排排架子上，整整齐齐排列着很多玻璃器皿，上面还分别贴着标签写着链状球菌、大肠杆菌、葡萄状球菌等。这些都是有毒的细菌，弗莱明培养它们，目的是寻找一种能够制服它们、使它们变成无毒细菌的方法。尤其是其中一种在显微镜下看起来像葡萄的细菌，存在很广泛，危害也非常大，病人伤口化脓感染，就是这种细菌在"作怪"。弗莱明实验了各种试剂，一直在寻找一种能杀死它的理想药品，遗憾的是，弗莱明一直没有找到合适的药品。

　　这天，弗莱明又走到架子前，逐个检查着培养皿中细菌的变化情况。当他来到靠近窗户的一只培养器皿前的时候，看到器皿中的细菌培养基，他皱起眉头，自言自语地说："怎么回事，这里面怎么会变成这个样子！"

　　原来，在贴着葡萄状球菌的培养皿中，里面的培养基发霉了，长出了一团青色的霉。

　　这时，弗莱明的助手赶紧过来说："这可能是被杂菌污染了，不用它了，还是倒掉算了。"

　　但是，弗莱明没有让助手倒掉，而是仔细地观察这团青色的霉状物。他惊奇地发现：在青色的霉菌周围，有一圈空白的区域，原来生长的葡萄状球菌已经全部死去，只留下一点残迹。

　　于是，弗莱明立即决定，把青霉菌放在培养基中培养。

　　几天后，青霉菌明显地繁殖起来。弗莱明开始了新的试验：他用一根线粘上溶了水的葡萄状球菌，然后再放入青霉菌的培养器皿中。

　　几个小时后，葡萄状球菌全部死掉。

　　接着，弗莱明又分别把带有链状球菌、白喉菌、肺炎球菌的线放进去，结果，这些细菌也很快死掉。

　　为了弄清青霉菌对葡萄球菌的杀灭能力到底有多大，弗莱明把青霉菌的培养液加水稀释，先是一倍、两倍……最后以 800 倍水稀释，结果它对葡萄状球菌和肺炎菌的杀灭能力仍然存在。这是当时人类发现的最强有力的一种杀菌物质了。

　　后来，弗莱明就把他的发现写成论文发表。他把这种青霉素分泌的杀菌物质称为青霉素。

由于弗莱明在青霉素发现和利用方面作出的杰出贡献，他于 1945 年获得了诺贝尔生理学或医学奖。

为什么注意力会产生这么神奇的效果呢？从心理学上来分析，人脑分为几个相互联系又各自独立的区域，每个区域专门负责某项职能。人在从事简单劳动的时候，可以同时调动几个方面的职能，比如一边写字一边说话，一边走路一边读书，一边吃饭一边看报等。但是当人的注意力全部集中起来做一件事情的时候，在大脑皮层就会形成一个兴奋中心，大脑的其他区域则处于相对抑制的状态，从而达到注意力专注的状态。

孩子在学习中也是这样的道理。如果孩子三心二意，在听老师讲课的时候，满脑子都是踢足球的景象、昨天看的动画片的景象、和妈妈逛公园的景象，上课老师所讲的东西都被孩子遗忘到九霄云外去了，所以这样的上课是"无用功"。那么，在上课的学习中怎么集中注意力呢？

第一，要及时确立学习目标和追求。目标具有导航和导向作用，家长和老师可以和孩子沟通，帮助孩子建立起一个符合自身条件的学习目标，这个学习目标可以是长远的，也可以是近期要实现的。比如，露露的数学一直很差，似乎生来对数字就不敏感，露露的妈妈就和学校老师及时沟通，帮露露制定了短期的学习目标，就是在半年之内教会露露掌握 100 以内的加减法。果然，这个方法取得了很好的效果。

第二，让孩子充分认识到集中注意力的重要性和分散注意力的危害性，让孩子在课堂学习中学会自我控制和严格管理自己。家长可以通过书本、报纸、电视、电台等媒介搜集和整理信息，告诉孩子一些关于注意力集中与分散的小故事，帮助孩子充分认识到注意力的魔力。学校教师也可以通过对课堂上注意力集中的孩子的表扬，来刺激和鼓励孩子集中注意力。

第三，训练闹中求静的能力，让孩子一心一意学习。孩子在课堂学习中，很容易受到课堂环境的影响。有时候，班上一有动静，孩子就会抬头看看，甚至盯上几分钟来猜测到底发生了什么事，这些对于学习都是无益的。家长平时在家庭

中可以帮助孩子训练闹中求静的能力，让孩子在课堂学习中能够做到不分神、不分心。

↘ 胡萝卜使驴奔跑，分心的注意力

◎ 胡萝卜使驴奔跑

日本教育家多湖辉说："在驴的眼前吊一根胡萝卜引诱驴奔跑的方法，对记忆的增进有效果。"多湖辉的这句话很有道理。与其使用鞭子抽打驴的方法，让驴感到有压力而前进，不如在驴的前面吊一根胡萝卜因为有动力而让驴奔跑更好。刚开始，驴眼前胡萝卜的出现所起到的作用是分散驴的注意力，但是当驴注意到胡萝卜的存在的时候，就会将所有的注意力都放在胡萝卜的身上而不会再注意和关心其他的事物，这时候，胡萝卜就由分散注意力的事物转变为集中注意力的事物。这一现象说明，本来是作为分散注意力的原因，却反过来变成集中注意力的手段。

孩子们在学习的过程中，经常会因为头脑中突然的一个想法而打断自己的思维，比如说现在看一场电影该多好啊，我想起身去喝杯咖啡，我想给爸妈打个电话，我想找伙伴们玩耍，我想去踢足球，我想去外面荡秋千……所有的这些想法和欲望，都成为孩子们分散注意力的诱因。这个时候，孩子们很可能不由自主地放下课本，跑出去玩了。

但是有的孩子很出色，他们不排除这些想法和欲望，反倒利用这些想法和欲望给自己加油，把这些想法和欲望当作一种动力，一种报酬和奖励。比如，有些孩子就会想：如果我把作业写完了，那么我就去看一场电影；如果我写完了一篇日记，那么我就起身喝一杯咖啡；如果我算出来这道算术题，那么我就给爸妈打个电话；如果我背会了这首小诗，那么我就去找伙伴们玩耍；如果我画完了这幅画，那么我就去踢足球；如果我学会了这首歌，那么我就去荡秋千……孩子们把自己的学习任务变成了获取自己想要的东西的一个途径，很自然地就专注起来，效率也明显地提升了，记忆力也更持久，理解起来也较平时容易得多。

目前，这一方法已经获得了大量试验的证明。想方设法把自己头脑中的想法和欲望变成激励自己的动力，使得孩子即使面临巨大的诱惑也能坐得住，家长不妨给孩子一些激励。

↘ 不是因为我优秀，而是因为我专心

◎ 专心，看门人也能征服世界

每一幢大楼都有一个坚强的守护者，他们就是看门人。在大部分时间里，他们都是站在小亭子前，检查来来往往过往的人群。很少有人知道，他们的闲暇时间是如何度过的。英国有一位看门人却非等闲之辈，他利用自己的闲暇时间只专心做一件事情，所发明的显微镜征服了整个世界，后来还成为英国皇家学会的会员。我们从侯书森编著的《执著就是成功》这本书里选取了这个故事：

列文·虎克 1632 年出生于荷兰的代尔夫特，他的父亲是制造篮子的手工艺人，母亲出生于一个酿酒艺人家庭。列文·虎克 6 岁时父亲就去世了。小时候列文·虎克还是接受了一点基础教育，但自 16 岁起就挑起了养家糊口的重担，到首都阿姆斯特丹的一家布店当学徒。六年的学徒生活结束后，列文·虎克回到家乡，凭自己的手艺开了一家布店。不过他的生意可能并不成功，他很快就转行担任了代尔夫特市政厅的看门人。

列文·虎克无论从哪点来讲，都不像是一个科学家。他出生于手工业人家庭而非科学世家，也没有万贯家财，更重要的是，他甚至没有受过高等教育。除了荷兰语外，他对其他语言是一窍不通。即使是当时科学家必须掌握的拉丁文，列文·虎克也斗大字识不了一升。

但是列文·虎克有一点是他人所不及的——他做什么事情都很专注，干不出个名堂绝不善罢甘休。

一个偶然的机会，列文·虎克接触到了跳蚤镜。什么是跳蚤镜呢？它实际上是一种最为原始简单的显微镜。1950年前后，一个叫做詹森的眼镜商偶然发现：当把两块凸透镜前后放置处于一定的距离时，透过两块透镜观察事物，可以看到原来很小的事物被放大了。詹森受到启发，在一个中空的长管两端分别装上透镜，制成了世界上第一架复式显微镜。但当时的人们并没有意识到它的科学价值，只是把显微镜当成玩具，用来观看跳蚤的一举一动，所以显微镜当时也叫跳蚤镜。

好奇心强烈的列文·虎克一下子就被这种奇妙的"跳蚤镜"吸引住了。他非常渴望拥有一架自己的"跳蚤镜"。但是，当时跳蚤镜的价格惊人，不是他一个看门人所能支付的。不过，列文·虎克的父亲是一个手工艺人，受父亲影响，列文·虎克的手工活做得也不错。他决定自己做一架跳蚤镜。列文·虎克是一个有心人，看了眼镜店的人磨镜片的过程，他便默记在心，回去后找来玻璃材料。利用自己充裕的时间，耐心地磨起了镜片。早期的显微镜做得都很粗糙，不是放大倍数不够，就是镜面不够光滑，成像模糊。心灵手巧的列文·虎克磨出的镜片虽然很小，但是质量却是当时最好的。他给自己的透镜制作了一个架子，并在透镜下面放置了一块铜板，在铜板上钻一个小孔，让光线从底下向上透过来，照亮被观察的物体。

有了自己的显微镜后，列文·虎克兴致勃勃地将能够想到的小东西一个接一个地放在镜下观看它们的庐山真面目。显微镜下蜜蜂腿上的短毛，竟然如缝衣针一样地竖立着，让人有点害怕。随后，列文·虎克又观察了蜜蜂的螫针、蚊子的长嘴和一种甲虫的腿。好奇心得到满足后，列文·虎克又开始制造更大倍数的显微镜，他想看清楚更小的物体。

列文·虎克后来陆续从事了许多工作，当过酒类化验员、政府小职员、财产保管员等，唯一不变的是他对显微镜制造和观察微观世界的浓厚兴趣。列文·虎克一生中制造了491架显微镜。后来，在好友的劝说下，列文·虎克终于同意将自己的发明和发现公之于众。

1673年的一天，英国皇家学会收到了寄自荷兰的观察记录，列文·虎克不久被接纳为英国皇家学会的正式会员。这个默默无闻的荷兰平民，一下子成为欧洲的知名科学家。

但是，列文·虎克并没有陶醉在巨大的荣誉之中。他还是一如既往地把自己关在屋子里，用显微镜记录微观世界里发生的故事。

只要有专心的品质，即使是做着最低微的工作，也能干出一番惊天动地的大事业。一个人的成功，并不是因为他有多么优秀，而是他能够把自己的精力用到自己喜欢的事情上，持之以恒，最终的结果总是惊人的。

家长在教育孩子的时候，不必强求把孩子培养得多么"优秀"，要求孩子每一个科目都要拿 100 分，我们的教育不是制造机器，而是让孩子们的学习在将来有用武之地。教会孩子专注的方法和持之以恒的毅力，相信孩子即使并不优秀，但最出色。

二、好的学习习惯，让孩子终身受益

↘ 预习，是练习阅读最主要的阶段

◎ 提前预习功课好处多

孙宗良《你还有哪些时间可以利用》中讲到了作为中国共产党的创始人之一的李大钊预习功课的故事：

李大钊，中国共产党的创始人之一。他从小就失去了父母，是由祖父抚养长大的，小时候的李大钊非常懂事，从小就知道珍惜时间刻苦学习。

李大钊小时候，在祖父村子里上学，每天都由祖父陪着他，生活虽然不富裕但也过得很开心。李大钊深知祖父挤出钱来让自己上学非常的不容易，他知道祖父是为了让自己多读点书，早晚有一天走出这个村子，去看外面的新世界。于是他就暗暗下定决心好好学习，有一天走出去，赚好多好多的钱，好好地报答祖父。

有一天，李大钊在家做作业，祖父正好要出门办事，祖父临走时还是不放心让年幼的李大钊自己待在家，于是就在临走前特意嘱咐李大钊的姑姑来陪他。李大钊的姑姑拿着活儿来到了祖父的家里跟他做伴，姑姑一边纺线一边看着他做作业，以免他贪玩。

由于土坯的房子，屋子里非常的阴暗，只有窗边有几缕光线，李大钊的书桌就放在窗边，刚好光线可以照在桌子上，他就在光线下认真地写着作业。屋子里远远地还能听见孩子们嬉闹的声音，但李大钊一直专心致志地写作业，自始至终连头都没有抬过。

快到了中午的时候，他的作业做完了。他放下笔，就跑到了姑姑的身边，和姑姑聊了一会儿天。

姑姑说："既然你把功课都做完了，就到外面去玩玩吧！你听屋子后边有很多小孩在玩藏猫猫呢！可热闹了。"

但是李大钊没有出去跟伙伴们一起玩，只是起身到了后院去了，可是没过多久又回来了。

姑姑奇怪地问："你怎么又回来了呢？"

李大钊说："我已经休息好了，要去看书了。"

"这么快就休息好了呀？出去玩玩再回来看书吧！"

"不了！刚才和您聊天的时候就已经休息好了。我还得去预习明天的功课呢。"

说完，又回到了书桌前预习新的功课了。由于李大钊每次上课前都提前预习功课，就有很多的问题要弄明白，上课的时候就格外能够集中精力去听课。在这种求知的动力下，他的学习成绩一直都是最优秀的。

李大钊的学习方法是很好的，特别是他提前预习功课的习惯更是值得孩子们学习的。所谓预习，就是在老师讲课之前，学生的自主性学习。有很多家长反映，说自己的孩子在上课的时候总是感到学习内容比较难，跟不上进度，理解起来较为吃力，做家庭作业也要耗上很长的时间，其实家长们所反映的这些情况和孩子预习功课的程度有关。

关于孩子的学习情况，家长普遍较为关注孩子的家庭作业，而预习功课常常被忽视，但预习功课对于孩子的课堂学习是非常重要的。如果孩子提前对老师所讲的课业内容有所掌握和吸收，那么课堂学习就有了很大的针对性，比如说自己在预习的过程中发现哪个地方比较难以理解，当老师在课堂上对此进行讲解的时候，孩子就会格外用心去听、去记。相反，如果孩子并没有提前预习，根本不知道明天老师要讲什么，那么学习就没有针对性，会出现理解较为吃力、跟不上进

度等情况。

预习是沟通新旧知识的桥梁。家长应该帮助孩子做好预习的工作，具体可以做到以下几点：

第一，要让孩子认识到预习的重要性。

预习可以帮助孩子巩固旧有知识，学习新知识，提高课堂学习中的学习效率和学习质量，也可以培养孩子的自学能力。比如，有一次芳芳给爸爸说，最近发现自己的学习跟不上全班同学的进度了，总是理解不了老师讲解的内容，有时候连昨天刚学过的知识都忘记了，开始产生厌学情绪。芳芳爸爸了解孩子的这一学习情况后，就给芳芳讲了关于预习的重要性。芳芳听了爸爸的话，开始每天预习功课，坚持了一个月下来，芳芳发现自己的学习明显提高了很多，而且也爱上学习了。在学习中，预习与否，对听课的理解效果是完全不一样的。所以，家长一定要告诉孩子预习的必要性。

第二，让孩子掌握科学的、合理的预习步骤。

家长要帮助孩子确立一个适合自己的预习的方法和步骤，不能滥用。小海每天都在家长的督促下预习功课，预习时间一般都在半个小时左右，但是半年下来，小海的妈妈发现小海的预习对他在课堂上的学习似乎并没有达到预期的效果。后来，小海的妈妈通过和孩子沟通才知道，原来小海预习功课的方法不对，小海总是走马观花地把书粗粗的略一遍，哪些地方是明白的，哪些地方是不容易理解的，小海自己也不清楚，所以在第二天老师讲解的时候仍然没有针对性。小海的妈妈针对小海的这一情况，对小海的预习功课作了调整。在妈妈的帮助下，小海准备了两只颜色的铅笔，在自己能够理解的地方用蓝色的笔标出来，不会的、难以理解的地方用红笔标出来以提醒自己在课堂上认真听老师讲解。就这样，小海的成绩慢慢提高了。

预习方法很重要。如果孩子的预习没有成效，家长应该及时与孩子进行沟通，并且要帮助孩子确立一个科学、合理的预习的方法和步骤。

第三，要灵活安排预习的时间。

预习时间直接与课堂上的听课质量相关。家长可以根据孩子学习的课程表帮助孩子合理安排预习时间。一般来说，预习时间安排在这门功课的前一天较为合适，否则，间隔时间太久，孩子头脑中存储的有效记忆就会下降，起不到预习的作用。这里还涉及预习时间长短的问题。家长可以根据孩子对每门科目的掌握程度来合理安排，比如说孩子的语文和英语基础比较好，数学较差，那么，家长就可以给孩子安排较长的数学预习时间，较短的语文和英语预习时间。

第四，鼓励孩子预习要持之以恒。

预习不是打渔，要坚持才能使学习成绩稳步提升。提前预习和不预习的效果截然不同，家长应该督促孩子按时预习，帮助孩子培养良好的预习习惯。

↘ 上课认真听讲是学习好的第一步

◎ 在预习的基础上认真听讲

同样是坐在一个教室学习的学生，经常会出现这样的状况：有些学生知识记得牢，有些学生总是记不住；有些学生学得好，有些学生总也学不好。造成这一结果的原因就在于学生是否认真听讲。

很多孩子认为，我已经提前预习了，老师讲的这些东西我都懂，就没有必要再去听老师讲解了，不需要浪费时间。这种观点实际上是大错特错的。有些同学事先预习了部分内容，知道这节课老师要讲什么内容，但是预习的时候肯定会有一些自己不理解、不明白的东西，这个时候一定要静下心来认真听老师讲解。所以，我们需要在提前预习的基础上认真听讲。

孩子们在学校不专心听讲，而是和同学一起交头接耳地谈话、在桌子下面做小动作、转铅笔和橡皮、东张西望、记不住老师提问的问题和布置的家庭作业，这些问题会慢慢分散孩子的注意力和导致学习成绩下降，这些问题不仅困扰着家长，也困扰着学校教师。

孩子是否认真听讲与孩子的注意力有关。智力主要分为记忆能力、思维能力、观察能力、想象能力和注意力五个部分，注意力作为智力的重要组成部分，是决

定孩子上课是否认真听讲的第一因素。因此，即使是处于同一间教室，由同一位老师执教，有的学生能够跟着老师的思路走，而有的学生却与老师的思路背道而驰；有的学生上课认真做笔记，随手记下自己不会的问题和容易遗忘的问题，而有的学生整整一节课都不在状态；有些学生看起来很聪明，学习起来很快，但是因为不认真听讲，学习成绩一直提不上去……因为学生的课业主要是在听课中完成的，所以家长要帮助孩子养成认真听讲的习惯，把孩子的学习成绩慢慢提上去。家长应该怎样帮助孩子呢？我们给出了以下几条建议：

第一，家长要对孩子上课不认真听讲的原因有所了解。

一般来说，孩子不认真听讲的原因主要是完全听不懂老师在讲什么，自制力差、容易受外部环境的干扰和影响，缺乏学习兴趣以及被动听课等。家长应该结合孩子不认真听讲的原因做具体分析。比如，如果孩子完全听不懂老师的讲解，可能又有两点原因：一是提前预习的功课没有做好，导致旧有知识的遗忘和新知识的难以理解；二是孩子知识基础较为薄弱、不成系统，造成上课跟不上进度。这时候，家长应该帮助孩子解决这两个首要的问题。如果是因为提前预习的功课没做好，那就帮助孩子制定一个预习功课的课程表，规定孩子的预习时间和预习内容。如果是因为孩子知识储备欠缺，可以通过给孩子找人专门辅导或者补课的方法来巩固知识、加强预习。

第二，家长应该培养孩子认真听讲的好习惯。

一是训练孩子的听觉辨别能力。听觉的辨别能力是指接收和辨别各种声音的能力。一般来说，孩子听觉辨别能力低下，容易对两种或者两种以上相似的声音产生混淆、分辨不清，会造成课堂学习中听不清老师授课的声音等情况。所以，家长可以帮助孩子训练听觉辨别能力，来辨别声音的音调、音量、音强、音色等，为孩子在课堂学习中的听讲打下良好的基础。

二是训练孩子的理解能力。家长们普遍反映自己的孩子对老师的授课内容总是听不懂，即使在课前花费了大量的时间做预习，同样花费了大量的时间来复习，可是总是听不懂老师上课在讲什么。其实，这是有关孩子理解能力的问题。家长可以多和孩子交谈，设置对话情景，也可以在给孩子讲故事的时候，多设置几个问题让孩子作答，借以提高孩子的理解能力。

三是训练孩子的听觉记忆能力。听觉记忆能力是指接收和辨别各种声音，并能保持和复述所听到的信息的能力。因为年龄的原因，孩子对较短语句的记忆能力较强，如果语句稍长，孩子可能就会选择性地记忆一部分内容，其他部分内容就会忘记。家长们可以有意识地培养孩子的听觉记忆能力，比如给孩子重复较长的句子，让孩子来复述句子的内容；在给孩子讲述完一篇小故事之后，让孩子复述故事，在复述故事的过程中力求准确。

四是训练孩子的听说联想能力。听、说、读、写四种能力往往是联系在一起的，听和说的联系尤其紧密。一般来说，不会听讲的孩子在语言表达方面也可能会有缺陷。家长平时可以多和孩子一起探讨某个词语的近义词、反义词等，或者是和孩子做游戏，家长比画动作，让孩子猜这是什么字、词或者成语，以此帮助培养孩子的听说联想能力。

除上述建议外，保证充足的睡眠时间、帮助孩子做好上课前的准备、积极与老师沟通、让孩子复述今天的所学知识、检查孩子当天的功课等也需要引起家长的注意。

↘ 找"遗忘曲线"规律，及时复习

◎ 艾宾浩斯"遗忘曲线"

赫尔曼·艾宾浩斯（H.Ebbinghaus）是德国实验心理学家。他在其著名论著《记忆》中这样说道：

人的大脑是一个记忆的宝库，人脑经历过的事物、思考过的问题、体验过的情感和情绪、练习过的动作，都可以成为人们记忆的内容……在信息的处理上，记忆是对输入信息的编码、贮存和提取的过程。人的记忆的能力从生理上讲是十分惊人的，它可以存贮10的15次方比特的信息，可是每个人的记忆宝库被挖掘

的只占10％，还有更多的记忆发挥空间。这是因为，有些人只关注了记忆的当时效果，却忽视了记忆中的更大的问题，即记忆的牢固度问题。

输入的信息在经过人的注意过程的学习后，便成为人的短时的记忆，但是如果不经过及时的复习，这些记住过的东西就会遗忘，而经过了及时的复习，这些短时的记忆就会成为人的一种长时的记忆，从而在大脑中保持着很长的时间。所谓遗忘就是我们对于曾经记忆过的东西不能再认起来，也不能回忆起来，或者是错误的再认和错误的回忆，这些都是遗忘。

曲线表明了遗忘发展的一条规律：遗忘进程是不均衡的，在识记的最初遗忘很快，以后逐渐缓慢，到了相当的时间，几乎就不再遗忘了，也就是遗忘的发展是"先快后慢"。遗忘的进程不仅受时间因素的制约，也受其他因素的制约。学生最先遗忘的是没有重要意义的、不感兴趣、不需要的材料。不熟悉的比熟悉的遗忘得要早，在学习过程中，对一种材料达到一次完全正确地背诵后仍然继续学习，叫做过度学习。过度学习可以使学习的材料保持得好。这条曲线告诉人们在学习中的遗忘是有规律的，遗忘的进程不是均衡的，而是在记忆的最初阶段遗忘的速度很快，后来就逐渐减慢了，到了相当长的时候后，几乎就不再遗忘了，这就是遗忘的发展规律，即"先快后慢"的原则。

记住12个无意义音节，平均需要重复16.5次；为了记住36个无意义章节，需重复54次；而记忆六首诗中的480个音节，平均只需要重复8次！这个实验告诉我们，凡是理解了的知识，就能记得迅速、全面而牢固。因此，比较容易记忆的是那些有意义的材料，而那些无意义的材料在记忆的时候比较费力气，在以后回忆起来的时候也很不轻松。

艾宾浩斯结合大量试验通过对遗忘规律的分析，画出了遗忘曲线表。

家长可以根据艾宾浩斯"遗忘曲线"来合理安排孩子的复习情况，在对孩子要求复习的时候，还要注意到以下几个方面：

第一，要找到孩子的记忆规律。记忆规律可以具体到每一个人，孩子也是如此。每个孩子不同的生理特点和生活经历，决定了他们具有不同的记忆特点、记忆方式和记忆习惯。比如，有些孩子在凌晨的时候记忆力较强，有的孩子在下午的时候记东西比较快，有的孩子适合晚上记忆。家长可以针对孩子的具体情况，测量出较为准确的孩子记忆的有效时间，这样帮助孩子在记忆知识的时候达到事半功倍的效果。反之，如果让一个善于在晚上记忆的孩子早起背诵大量知识，会违背孩子自身的记忆曲线，事倍功半，得不偿失。

第二，让孩子掌握具体的复习思路。有的孩子在复习的时候没有章法可循，总是东一榔头、西一棒槌，知识不成体系，看起来似乎每个问题都能搞明白，但是具体到运用的时候就无从下手了。这时候，家长可以帮助孩子建立起具体有效的复习思路。比如，可以让孩子以小节、章、篇的顺序进行复习，复习之后写一下自己的感想和小结，或者是通过画图的方式将本篇学习的知识画成一幅知识结构网络图，来巩固自己所学的知识。

第三，注重反思。对于比较难的题目，孩子一般在看它的第一眼就不想写下去，这种现象在数学题的练习中尤其明显。有的孩子面对难题，总是习惯于先去翻看答案，其实这种做法是非常不正确的。家长应该督促孩子要先自己想一想、算一算，实在不懂的时候再去看答案。当对题目有所把握的时候，要注意对题型进行归纳和总结。

↘ 学习是自己的事，独立完成作业

◎ 辅导也有学问

许多家长在孩子完成作业之后，都会很负责任地给孩子检查作业。但是检查作业也是一门学问，有的家长看到孩子的某一道题做错了，就会告诉孩子："你这个答案不对，怎么算错了啊？答案应该是这个。"说着，就把正确答案写在了孩子的本子上。如果家长总是这样给孩子辅导功课的话，孩子就会产生一种依赖性，觉得反正有爸爸妈妈为我的作业"把关"，有错误他们会直接给我改正过来的，马虎一点也没事。长此以往，孩子的学习成绩就会慢慢下降，习题的错误率

越来越高。

我们可以看看下面这位聪明的妈妈是怎样帮助孩子独立完成作业的：

岩岩的妈妈经常会检查孩子的作业情况，当她偶然发现孩子作业中存在错误的时候，从来不给孩子指明到底是哪里做错了，而是告诉孩子让孩子自己再认真检查一遍作业。

有一天，岩岩的妈妈工作到很晚才回到家里，她看到岩岩已经睡着了。她还是翻看了一下岩岩的作业，赫然发现岩岩的数学作业本上有两个鲜红的大字"重做"。岩岩按照老师的要求，在下面又把这道题重做了，奇怪的是岩岩重做的题和之前并没有两样，解题思路、解答过程和运算结果都一模一样。岩岩妈妈感到很疑惑，翻开老师布置的作业题才知道原来是岩岩写错题了。但是，岩岩妈妈并没有直接告诉岩岩，而是把岩岩喊醒，问岩岩："岩岩，你看看，老师为什么让你重做这道题啊？"岩岩揉着惺忪的眼睛，看了看自己的作业，说："我也不知道啊。"岩岩妈妈接着说："那你再仔细检查一遍，你重新写的这次对不对？"岩岩很认真的看了看说："妈妈，没有错啊。"岩岩妈妈说："你翻开老师布置作业的本子，再看看能发现什么。"岩岩一对照，才知道原来是自己抄错题了，于是赶忙下床去写好了作业。

孩子做家庭作业的过程远比结果重要。尤其是对于能够独立完成家庭作业的孩子来说，他们的专注力和自信心都能在这个过程中得到很好的锻炼。老师之所以会给孩子留下一些作业，让孩子在家里完成，主要目的是为了培养孩子的技能，诸如收纳、规整和自我反思、整理等。家长的主要任务是负责辅导孩子，而不是越俎代庖、亲自登台。家长应该给孩子营造一个良好的学习环境，合理安排孩子的学习时间，并给予一定的指导和帮助，相信孩子会在家长的精心教育下茁壮成长。

三、爱问的人，仅仅是做五分钟的愚人

➥ 每一个"为什么"都是一种思考

◎ 爱问问题的孩子更容易成功

每一位父母都经历过被自己的孩子一连串的"为什么"狂轰滥炸的事情。当孩子最初问问题的时候，家长会感到很兴奋，总是和颜悦色、不厌其烦地给孩子答复。随着孩子问的问题越来越多，家长开始感到厌烦，或者是敷衍了事，或者干脆说自己也不知道，有时候还会怒气冲冲地给孩子一句："以后都不要再问了，我也不知道！"

孩子好奇心强，对所有新东西都保持着一颗好奇心，喜欢问它是什么，为什么，怎么样。其实，孩子问这些问题的过程也是他思考这些问题的过程，家长不应该不分青红皂白地控制孩子问问题。赵宁编著《孩子的资本全集》中所录的爱迪生的故事或许可以给我们一些启示。

1847 年，爱迪生生于美国西部的俄亥俄州的米兰小市镇。父亲是荷兰人的后裔，母亲曾当过小学教师，是苏格兰人的后裔。

爱迪生从小就爱问"为什么"，喜欢对一个问题追根究底问个明白。有一次老师讲一位数的加法，同学们都在认真听讲，爱迪生突然举手问老师："二加二

为什么等于四？"老师被问得张口结舌，一时难以回答他的问题。父亲也常常被他问得无言以对，只好拍拍儿子的脑袋瓜说："去，问你妈去！"

在学校，爱问问题的爱迪生经常让老师很恼火，因此老师有时候训他，甚至打他。爱迪生心里不高兴，成绩总是没有提高。老师把爱迪生的妈妈找来，当面数落她的儿子："他脑子太笨了，成绩差得一塌糊涂，总是爱问一些不着边际的问题。我们真教不好你这样的儿子。"

爱迪生的妈妈听了，觉得是老师不理解儿子，问题多是因为孩子爱思考，好奇心强，求知欲旺盛。她相信儿子的智力没有问题，而且比别人的孩子还要聪明很多。于是，她毅然对老师说："既然这样，我就把我儿子带回家吧，我自己来教他。"老师听得愣住了，他实在不能理解这个"奇怪"的孩子，还有他"奇怪"的母亲。

从此，爱迪生的母亲就当起儿子的家庭教师。对儿子稀奇古怪的问题，只要她知道的，她就努力回答；不知道的，她就让儿子去看书。当她发现儿子对物理化学很感兴趣后，就给儿子买了本《派克科学读本》，她还劝丈夫把家里的小阁楼改造成儿子的小小实验室。

就这样，在这个不怕被问"为什么"的母亲的教育下，爱迪生虽然没有在学校读过几年书，却搞出许多伟大的发明，为人类社会的发展作出了极大的贡献。

我们不由得对爱迪生的母亲产生敬慕之情。生活中有很多的孩子像爱迪生一样喜欢问问题，当成人面对孩子那些异想天开、稀奇古怪的问题时，很少有人能像爱迪生的妈妈那样认真仔细地回答孩子的问题，更多的是表现出一副漠不关心、不耐烦的态度，也不知道究竟有多少个"爱迪生"被家长扼杀在童年的摇篮中。

面对孩子的提问，如果家长知道该如何作答，就要仔细地为孩子讲解。比如，晴晴问妈妈："妈妈，你看，冬天的时候树叶都落光了，为什么这棵树没有落叶子，而且叶子还是绿色的啊？"妈妈就给晴晴解释了冬青树耐寒的特点以及它在冬天也不休眠的性质，同时还给晴晴介绍了室外的松树、柏树在严寒的冬天也是绿色的。有时候，晴晴的妈妈也回答不出女儿问的问题，那个时候晴晴妈妈就会对晴晴说："妈妈也没弄明白呢，妈妈回家赶紧查找资料，知道了再告诉你好不好？"这些回答都能够进一步激发孩子的思考，而不是抑制孩子的思维。

↘ 赞许的惊讶，鼓励孩子不懂就问

◎ 让孩子学会不懂就问

苏联教育家赞可夫说："提问是孩子学习知识的重要途径。"家长必须好好培养孩子虚心好问的习惯，让他们学会不懂就问，在帮助他们学会提问的同时也要教给他们思考问题、分析问题和解决问题的能力。章程编著的《三年级，改变孩子一生的关键期》里举了一个例子：

可爱的小女孩朱朱上小学三年级了，在家里她开朗活泼，在学校和同学相处得也非常融洽。可是，上课的时候，朱朱有些想问的问题，却不敢问老师，只好留着回家问妈妈。有时候问多了，妈妈也感到奇怪，对朱朱说："你为什么不在课堂上面直接问老师呢？"朱朱噘着小嘴，有点为难地说："我不敢……"

妈妈抱过朱朱，对她说："妈妈给你讲个故事。春秋时代的孔子是我国伟大的思想家、政治家、教育家，人们都尊奉他为圣人。然而孔子认为，无论什么人，包括他自己，都不是生下来就有学问的。一次，孔子去鲁国国君的祖庙参加祭祖典礼，他不时向人询问，差不多每件事都问到了。有人在背后嘲笑他，说他不懂礼仪，什么都要问。孔子听到这些议论后说：'对于不懂的事，问个明白，这正是我知礼的表现啊。'所以，朱朱，连孔子这样的圣人都有不懂的东西需要提问，你们这些小朋友自然更应该提问题，这样才能获取知识啊。"

朱朱歪着脑袋思考了一会儿，说："我知道了！"

第二天，由于天气突然降温，妈妈特地去学校给朱朱送衣服，刚走到班级门口，听见朱朱站起来说："老师，这个问题我不明白……"妈妈微笑着点了点头。

　　上面这个例子中的朱朱当初不提问题的原因是害怕，幸亏有聪明的妈妈的帮助，很快便走出了误区。那么，孩子不敢提问的原因还有哪些呢？

　　1.孩子可能抱有侥幸心理。有一次，开家长会的时候，老师对萌萌的妈妈说："萌萌上课听讲很认真，作业做得也很仔细，但是有一个缺点就是上课不喜欢问问题，其他的孩子都争先恐后地问问题，而萌萌从来都没有提过一个问题。您如果有时间，我希望您能帮帮她。"萌萌的妈妈回家后，帮助萌萌分析了她不提问题的原因：萌萌觉得自己提的问题可能老师还会讲到，或者是其他的小朋友也会提到，抱着侥幸的心理等待别人来提，有时候别人提到了，而有的时候别人并没有提到，自己也忘掉了。后来，在妈妈的帮助下，萌萌终于可以不顾别人的问题，敢于向老师提问题了。

　　2.孩子可能抱有逃避的心理。盈盈曾经很喜欢提问题，有一次她上课没有认真听讲，把老师刚刚讲解过的知识又重新提问了一遍，受到了同学们的嘲笑，从此以后再也不敢在课堂上提问题了。盈盈的妈妈了解到盈盈的这一情况后，及时和学校的老师做了沟通，帮助孩子重新树立了自信心。

　　3.受到家庭教育和家长态度的影响。有些孩子不愿意提问题可能与家庭教育中存在的问题有关。比如，丰丰有好几次向爸爸妈妈问问题，爸爸妈妈的态度非常不好，总是对丰丰说："这有什么好问的，谁都回答不上来，以后不许问问题！"在这种家长态度的影响下，孩子就会不自觉地想象老师也不喜欢爱问问题的孩子，慢慢地也形成了不愿问问题、不愿思考的习惯。

　　了解了孩子可能存在的一些原因，我们应该建立什么样的对策来帮助孩子养成爱问问题的习惯呢？

　　第一，应该帮助孩子消除恐惧心理，增强孩子的自信心。孩子们对老师的感觉是复杂的，他们觉得老师是值得尊敬的，同时也是令人敬畏的。如果在街上撞见老师，很多正玩得开心的孩子瞬间就会变得局促起来，害怕自己哪个地方做得不好，会受到老师的批评或者老师会告诉家长。要让孩子在上课的时候多提问题，首先要克服对老师的恐惧心理。家长可以带着孩子到学校找老师聊聊天或者请老师空闲的时候到自己家里做做客，这些都有助于消除孩子对老师的恐惧心理。

第二，锻炼孩子向老师提问的胆量。很多孩子对自己提问的问题没有信心，不敢向老师提问，多是胆量不够、自信心不足的表现。家长可以试着在自己的家里模拟教学，由爸爸或者妈妈执教，讲授结束之后，可以让孩子自由发挥，随便问一些自己不明白的问题，由爸爸或者妈妈来作答，这样可以慢慢锻炼孩子提问题的胆量。

第三，要认真对待孩子提出的每一个问题。孩子提问题是一个思考的过程，每一位家长都应该庆幸自己拥有一个会思考的孩子。当孩子询问问题的时候，家长可以不用着急回答，可以和孩子一起去寻找答案，培养孩子的动手能力，激发孩子的好奇心和兴趣。

↘ 不包办，和孩子一起细心找答案

◎ 毛毛虫会变成蝴蝶

面对孩子提出的无穷无尽、千奇百怪的问题，家长所扮演的角色应该是引导者，鼓励和激发孩子进一步思考和探索问题，而不能所有问题都包办。

有一次，真真和同学一起放学回家。在回家的路上，突然有一只毛毛虫从树上跌落下来，正好落在前面的地上。几个小朋友就一起围上来说："毛毛虫，快看，是毛毛虫呢。"真真从小就害怕各种虫子，对这种浑身长满毛毛的虫子更是害怕，只是远远地在一边站着，不敢凑身上前。其中一个小朋友说："我听我妈妈讲，这个毛毛虫很神奇呢，它会变成一只美丽的蝴蝶，那个时候，别提有多漂亮了！"对于毛毛虫变蝴蝶这件事，有几个小朋友将信将疑，真真竟然也不知道这件事呢。于是，一到家里，她就迫不及待地问妈妈："妈妈，同学说毛毛虫可以变成蝴蝶，这是真的吗？"这个问题，相信每一位妈妈都知道答案，可是真真的妈妈并没有直接告诉真真，而是和真真一起商量来做一个实验。

她们在小树丛里找到了一只毛毛虫，还给它准备了一个"新家"。她们找来

一只空鞋盒，在盒盖上挖了一个长方形的洞，用一块玻璃密封起来，用以准确地观察毛毛虫的动静和变化。她们还在鞋盒的外面用针捅出来很多的小孔，以保证毛毛虫能自由地呼吸。为了给毛毛虫营造一个舒适温馨的环境，她们还折了一条小树枝，为了防止树枝枝条枯萎，还在枝条末端和上端各绑了几团湿润的棉花球，这些工作完成之后，她们就把毛毛虫放在鞋盒里，置于一个阴凉但又有微弱阳光的地方。为了让孩子对毛毛虫变成蝴蝶有更为详细的了解，真真妈妈还专门到书店给真真买了《少儿自然百科全书》等书，让真真自己主动寻找答案。

上面这个例子中，真真的妈妈是一位聪明的妈妈，她并没有包办孩子的问题，而是鼓励孩子，并且和孩子一起动手寻找答案，帮助孩子锻炼动手的能力、观察的能力、思考的能力和实验的能力。

很多家长在面对孩子一大堆"为什么"的狂轰滥炸的时候，同样表现得很有耐心，总是认真地为孩子解答每一个问题。比如，琴琴总是问妈妈很多问题：冬青树为什么到冬天还不掉叶子，为什么叶子还那样绿呢？为什么热气球能飞上天？为什么鸟儿都有翅膀？琴琴的妈妈觉得孩子喜欢问问题是好事情，就自己一个人去查资料，查完了再告诉琴琴，在琴琴的眼里，妈妈就像是一本大百科全书。可是，琴琴妈妈的做法也不见得完全正确。因为针对问题来收集资料的工作是由琴琴妈妈一个人完成的，琴琴并没有参与，琴琴所得到的知识都是妈妈传授的，并不是通过自己的查找获得的，对于这些知识，琴琴总是遗忘得很快。在这种条件下，我们建议应该和孩子一起去寻找答案，而不是只靠妈妈一个人的能力。

➥ 顺着孩子的思路，在月光下散步

◎ 夜的神秘，是黎明前的面纱

很多孩子会害怕走夜路，觉得黑暗就像是一只凶猛的野兽，处在黑暗里就像是被野兽抓在了手心，动弹不得。

茗茗曾经就很害怕黑夜，有好几次，爸爸让他到楼下的小广场来和爸爸妈妈一起玩耍，茗茗因为十分害怕走楼下的一小段夜路而不敢去，几次三番都说自己宁愿待在家里玩。后来，茗茗的爸爸知道孩子是因为害怕黑夜而不敢下去，就试图帮助孩子摆脱恐惧心理。于是，爸爸就和茗茗一起出来，试着和孩子在一起走夜路的时候，让孩子认识黑夜。茗茗见是和爸爸一起出来，就爽快地答应了。走在路上的时候，茗茗爸爸问茗茗："你觉得黑夜像是什么呀？"茗茗说："我觉得黑夜像是一个大妖怪、大恶魔，动画片里的恐怖故事都是在黑夜里发生的。太恐怖了。"茗茗爸爸听到茗茗这么回答一点也不意外，继续说："我倒是觉得黑夜是很宁静的，就像是一杯果汁，沁人心脾呢。"茗茗说："怎么可能，要是这样，我可不喝。"茗茗爸爸接着说："动画片里的大妖怪、大恶魔最后的下场是什么啊？"茗茗说："被一个正义的人给打败了。"茗茗爸爸进一步引导茗茗说："你看，黑暗还是压不住正义的吧，我们茗茗是个小小男子汉，还害怕黑夜吗？来让爸爸在这月光下给你讲讲黑夜的知识吧。"

孩子经常会说"为什么天会黑"，这些问题可能是孩子潜意识中对黑夜的恐惧，家长应该教给孩子一些关于黑夜的知识，帮助孩子摆脱对黑夜的恐惧。家长可以做到以下几点：

第一，要理解孩子。孩子害怕黑暗，是一种正常的心理反应，这是因为孩子年龄幼小，对事物还没有形成科学的判断，他们的判断主要是基于自己的想象和联想。随着年龄的增长和知识的丰富，孩子一般都能够对自己小时候害怕的、不敢接触的事物有清晰的认识，所以当家长发现孩子害怕黑夜的时候，应该理解孩子，帮助孩子提高认识能力，而不要歧视孩子、嘲笑孩子甚至打骂孩子。

第二，要以鼓励为主，锻炼孩子的胆量。孩子害怕黑夜，尤其害怕雷电交加的黑夜。在闪电雷鸣的晚上，家长一般都会急匆匆地把孩子抱到自己的怀里，想要孩子摆脱恐惧、保护孩子，这样做可以暂时消除孩子的恐惧心理，但是并不能消除孩子对雷电的恐惧。正确的做法是，当雷电交加的时候，家长可以当做什么事情都没有发生，告诉孩子有爸爸妈妈在，不必害怕就行了。慢慢地，即使爸爸

妈妈不在身边，孩子也有足够的胆量来应对黑夜了。

第三，让孩子认识黑夜，用事实说话。孩子害怕黑夜，多是受到电视节目诸如神话题材的电视剧或者是动画片等的影响，总是觉得黑夜里潜藏着无数只妖怪和恶魔，家长应该给孩子普及一些关于黑夜的常识，比如为什么会有白天和黑夜之分等，让孩子掌握科学知识。家长也可以尝试和孩子一起走夜路，让孩子感受黑夜美好的一面。

第四，教孩子转移注意力，淡化恐惧心理。家长可以帮助孩子转移注意力，让孩子多想想自己感兴趣的事情或者是回忆有趣的电视节目，让孩子消除恐惧心理。

四、用孩子的"错误"，帮助孩子成长

➤ 帮孩子捉住"粗心虫"，感受细心

◎ 改掉粗心大意的坏毛病

做完试题之后的检查，是力挽狂澜的关键一步。有时候，仅仅是一点小小的失误，可能就会让你追悔莫及。在一次班级小测试中，洪洪觉得题目很简单，一会儿工夫就做完了所有的题，很自信觉得这次的数学考试自己一定能拿满分。没想到等成绩单发下来的时候，才得了80分。对此，洪洪感到很沮丧，还专门跑过去和老师理论了一番，后来他才知道是因为自己的马虎大意，有些是看错了题目，有些是把很简单的题目算错了。经过和老师的讨论，洪洪知道这次没考好的主要原因是自己没有仔细检查。

检查，是写作业过程中的最后一步，缺少了检查就意味着只完成了作业的大部分，并没有最终完成。很多孩子做完作业不愿意检查，觉得自己做得已经够认真、仔细了，应该不会出现什么问题，抱着侥幸的心理企图蒙混过关；有些孩子觉得检查无非是把做过的题目重新再做一遍，简直是浪费时间；有些孩子觉得检查不检查都一样，等到老师指出错误的时候再仔细想想和自己检查没什么区别。上述的这三种观点都是不可取的，因为一旦养成了粗心马虎的习惯，不仅会影响孩子的学习成绩，甚至对孩子的一生都有重大的负面影响，所以一定要从小改掉这个坏毛病，养成仔细检查作业的好习惯。那么，如何才能有效地检查试题呢？

第一，要先检查原题。很多时候，孩子回答问题总是自我感觉良好，觉得自己拿到满分应该没问题，但是更多时候孩子都是因为看错了题，导致最后对成绩的怀疑和否定。为了防止这些情况的发生，孩子一定要注意检查原题，分析题目要求作答的内容，看自己是否抄错题目，是否答非所问。在一次语文考试中，强强将一道"请找出使用错误的字"的题看成了"请找出使用正确的字"，结果把一道很简单的送分题给丢了。还有一次的数学题，强强把数字"5"看成了"6"，也造成了失误。这些情况其实在检查中都是可以避免发生的，我们只需要认真的分析题目就可以完成，所以写完作业一定要养成检查原题的习惯，减少类似事件的发生。

第二，要谨防丢题的发生。丢题，就是在做作业、做试卷的过程中漏掉了一部分题目造成的空白卷。丢题是最令人痛惜的一件事情。因为原本有些题目很简单，只要稍稍动脑筋就可以答出来，很多同学却将这些题目漏掉了，非常令人惋惜。漏题的原因可能是多方面的，比如考试时过于紧张、粗心马虎的习惯等，不管是出于什么原因，都应该极力减少此类事件的发生。家长和老师可以教给孩子做记号的方法，将自己已经做过的每一道题画上记号，这样如果漏掉了某一道题，也可以在检查的时候及时弥补，挽回分数。

第三，要注意查缺补漏。最后检查试卷的目的是为了纠错，发现遗漏的地方要及时改正。这个时候要认认真真、仔仔细细地检查，切记不能用走马观花、一扫而过的方法应付差事。检查的时候要平心静气，仔细作答，千万不要紧张，以免把本来做对的题又改成错的。

↘ 错题集，让那些不会的题变简单

◎ "错题集"，马虎学生的良师益友

俗话说，人不能在同一个地方摔两次跤，这句话的意思是应该吸取教训，找出造成失误的原因并及时作出改正，不在同一个问题上犯两次错误。做错题，是

每个孩子在学习成长的道路上不可避免要发生的，但是在如何对待错题方面，有很多孩子做得还不够好。下面我们就来讲讲关于"错题"的大学问。

要正确认识某一事物的内在规律，通常可以通过两种方法：一是从正面入手，通过直接经验和间接的实践经验，把握事物的内在规律；二是从反面入手，总结经验教训。这两种方法在学习中也同样适用，编写"错题集"，就是对第二种把握事物内在规律的实践应用。在我们的日常学习生活中，孩子们总是倾向于去翻看自己答对了的和已经改正过了的题目，很少有孩子去看那些答错了的题目，对答错的题目进行重新摘录、订正甚至是编写"错题集"以供随时翻阅。准备一本"错题集"，可以帮助孩子了解自己的薄弱环节，孩子时常抱着轻松的心态来翻阅错题集，可以减少下次犯同样错误的概率。

错题集在这次考试后和下次考试前能发挥重要作用，高效整理错题集的方式应该注意下面几个方面：

第一，正确分析题目知识点。要正确对待自己做错的题目，并且要认真分析做错的原因，究竟是对知识点掌握得不熟练，还是根本就没有注意到这个知识点，是自己本来会做的但是因为马虎大意没做好，还是因为看错了题以致结果出错，不管是哪一种原因，都要仔细分析、认真对待。在从自己身上找原因的时候，不能把所有错误统统归于自己的粗心大意，不能每次都把马虎粗心作为借口，而是要通过透彻地分析这个题目，挖掘题目背后的知识点以及与这个知识点相联系的其他内容，在此基础上进行进一步归纳与总结。

第二，正确把握每道题的解题思路。面对一道比较难以胜任的考题，相信很多孩子并不是完全没有思路，而是基本上处于一种略微懂得一点但又不完全会的状态中。这时候，孩子就要在老师讲解的基础上认真归纳和总结这道题的解题思路。在真正弄明白这道题的时候，还要找来一些与这些题型类似的题目加以巩固所学的知识点和解题思路。

第三，要养成举一反三的好习惯。很多孩子都准备了错题集，但翻开错题集就会发现里面有相当部分的题型都是相似的，有时候还会发现相同的题又一次出现在错题集上，其原因就在于孩子并没有学会举一反三。所谓"举一反三"，就是说在明白这一题目的解答方法之后，应该对这一类型的题目的解答方法都能准

确把握，不能稍微一变化就又恢复到原来的状态。最好的举一反三的办法，就是自己给自己出题，如果能给自己出一道合格的试题，也就意味着这种类型的题目成竹在胸了。

这里还有一个利用错题集的问题。有很多孩子准备了错题集，但它就像是一个摆设一样永远放在那里，从来不抽时间去翻看，这样就失去了它的意义。而是应该定期复习，以便彻底掌握曾经不懂的知识点，除了考前复习之外，平时也应该按照"记忆曲线"复习错题集。

答案就在转角处，让思维拐个弯

◎ 让思维转个弯

卡曾斯曾经说过："把时间用在思考上是最能节省时间的事情。"人总是会受到思维的限制以致很多事情都停滞不前甚至出现僵局，要改变这种僵局，我们不妨让自己的思维转个弯。潘静编著的《哈佛家训全集》就举到了一个犹太人的例子：

一个犹太人走进纽约的一家银行，来到贷款部，大模大样地坐下来。"请问先生有什么事情吗？"贷款部经理一边问，一边打量着来人的穿着：昂贵的西服、高级皮鞋、昂贵的手表，还有昂贵的领带夹。

"我想借些钱。"

"好啊，你要借多少？"

"1美元。"

"只需要1美元？"

"不错，只借1美元。可以吗？"

犹太人说着，就从豪华的皮包里取出一堆股票、国债等，放在经理的写字台上。

"总共50万美元，够了吧？"

"当然，当然！不过，你真的只借1美元吗？"

"是的。"犹太人接过了1美元。

"年息为6％，只要你付出6％的利息，一年后归还，我们就可以把这些东西还给你。"

"谢谢。"犹太人准备转身离开。

经理追上去问道："我实在弄不清楚，你拥有50万美元，为什么只借1美元呢？要是你想借30万、40万美元的话，我们也会很乐意的……"

"请不必为我操心。只是我来贵行之前，问过了几家金库，他们保险箱的租金都很昂贵。所以嘛，我就准备在贵行寄存这些东西。租金实在太便宜了，一年只需花6美分。"

这个犹太人的确很聪明，他把租金和贷款换位思考了一下，就轻轻松松地以最少的利息存进了银行。在学习生活中也是这样，当正向思维走不通的时候，不妨让思维转个弯，逆向思维或许会让你找到答案。

刚上小学的孩子很容易将数学题中的已知条件列出来而不去管题目的要求。比如，朋友曾经给孩子们出过这样一道数学题：桌子上有10颗糖果，拿走了一部分，桌子上还剩下4颗，问拿走了几颗？几乎所有的孩子都在本子上列出了这样一个算式：10-6=4。朋友费了很大力气告诉孩子们，这里要求的答案是拿走了几颗，虽然你们的算法是正确的，也知道正确答案但是算法不对，正确的运算方法应该是10-4=6。等到孩子们上了更高年级的时候，事情又发生了变化。就拿上面这道题来说，就有三种关系式：

糖果总数 － 剩下的糖果数 ＝ 拿走的糖果数

拿走的糖果数 ＋ 剩下的糖果数 ＝ 糖果总数

糖果总数 － 拿走的糖果数 ＝ 剩下的糖果数

第一种计算方法以列方程的形式出现，过于啰嗦，第二种计算方法为列方程而列，过于牵强，第三种计算方法是将来进一步用方程式解答应用题的最为

科学的思维方式。这正好与之前的学习相矛盾。假如从一开始，就允许学生使用 10－6=4 这样的列式方式，只要学生能理解拿走的是 6 颗而不是 4 颗，或者当数量变大不能简单的靠口算得出结果时，可以引导学生用 10－( )=4 这样的方式，在此基础上想办法算出括号里面应填几，在学生填空的时候，自然就会用逆思维 10－4 来计算，这并不影响他们逆思维能力的培养，也不影响对生活实际问题的解决能力。

➔ 华丽的蜕变，及时地矫正坏习惯

◎ 及时矫正坏习惯

原哈佛大学校长伊勒阿特说："成功的习惯其本身就是成功的最大原动力。"在讲述"及时矫正坏习惯"之前，让我们先来看看美国独立运动的重要领导人之一——约翰·亚当斯童年时期的小故事（摘自廉勇：《哈佛优等生的学习方法和培养细节》一书）：

当亚当斯还是一个顽童时，农场主兼皮匠的父亲就教他识字。6 岁时，他被送入村中的小学读书，这时候亚当斯是个贪玩的学生，他只喜欢算术、阅读等科目，对拉丁文不感兴趣，成绩很差。他的父亲非常担心。

老亚当斯耐心地再三劝说儿子，要他专心读书，可亚当斯依旧如故。

"将来你想干什么？"一天，老亚当斯生气地问。

"当农场主。"10 岁的亚当斯果断地说。

"我将让你看看，当农场主是怎么一回事，"老亚当斯说，"明天早晨你和我一起去彭尼渡口，帮助我锄杂草。"

第二天清早，父子俩就出发了，沿着小河整整工作了一天。晚上，浑身是泥的亚当斯疲惫地回到家中，他脸上的表情表明他对农场工作的热情已经消退了。

除了让儿子学习，父亲在勤奋与正直方面都为少年亚当斯作出了榜样。

老亚当斯常在土地上辛勤劳作，到了冬天他就用手工制作鞋子、马具等皮革商品。做市政委员时，他以察看镇上的穷人是否受到照料为自己的责任，甚至在妻子的责骂下，还是养成了将穷苦儿童带回家来的习惯。所有这一切，都深深地影响了小亚当斯。

16岁时，亚当斯考入了哈佛学院。

在哈佛，亚当斯最喜欢数学和哲学。哈佛的4年，转变了他的学习态度。

他在自传中说："我很快发觉自己的好奇心越来越大，并且热爱书籍、爱好学习。这驱散了我对运动的全部嗜好，甚至打消了我与女士们交往的兴趣。"当时，亚当斯还加入了一个朗诵俱乐部，该俱乐部的成员们轮流朗诵一些新出版物、诗歌和剧作。朗诵需要一定的表演才能，而他的热诚表演常常获得热烈的掌声，这促使他开始考虑充当专事出庭辩护律师。

老亚当斯利用小亚当斯的"错误"帮助小亚当斯获得了正确的人生方向。在学习上也是如此，注意用孩子的"错误"来帮助孩子获得正确的学习方法以提高学习成绩。比如，有一次在班级的语文测试中，班上所有的同学都及格了，唯独槿槿一个人才得了33分，槿槿觉得自己写得都对，不明白为什么结果却是这个样子。当试卷发下来的时候，槿槿也没弄明白是怎么一回事，当她问老师的时候，老师对她说："你再仔细看看题。"并没有给她说明原因，当槿槿把这件事告诉妈妈的时候，妈妈一下子就发现孩子把题目都搞错了，试卷中"没有错别字的一项"、"没有歧义的一项"、"不是拟人手法的一项"等，槿槿都看成了"有错别字的一项"、"有歧义的一项"、"是拟人手法的一项"，槿槿妈妈看到这种情况，就对槿槿说，"槿槿，妈妈把这份试卷重新抄写一遍，你再来测试下自己好不好，我相信槿槿一定能够得满分的，但是你一定要记住仔细审题哦。"槿槿很高兴地接受了妈妈的提议，她在做试题的时候小心翼翼，生怕看错了题目。当她完成测验的时候，对妈妈说："妈妈，我终于明白那份试卷上，我为什么做错了。"

利用孩子的"错误"教会孩子成长，可以让孩子对这类题型的印象更为深刻，也能够激起孩子大脑深层的记忆，让孩子保持小心谨慎的态度和心理，对于提升学习成绩大有益处。

第五章
最美的是和孩子一起成长的时光

一、我们家里有面漂亮的"彩虹墙"

↳ 儿子只会在涂色本上瞎画几道

在孩子最初接触并使用笔的时候，基本上就开始展开他们的伟大构想——绘画。刚开始，他们还不知道什么是绘画，只是拿起画笔随便乱画几道，有一些是大小不一的圈圈，有些是有长有短的线条，还有些是深深浅浅的点点……在成人眼里这些无聊的线条和图形，就是孩子们眼中最美好的图画了。因为孩子年龄幼小，心智还不成熟，但是对于美的事物和图画都形成了大概的认识，所以孩子涂鸦的那些圈圈可能就是美丽的、五颜六色的泡泡，那些长短不齐的线条可能就是铅笔、筷子、树叶和树枝，那些深深浅浅的点点可能就是雨滴和雪花……

孩子接触绘画的时间有早有晚。有的孩子从两岁起就开始自己拿起笔"涂鸦"了，有的孩子到四五岁才真正开始接触画画。很多妈妈都会抱怨自己的孩子不爱画画儿，也不会画画儿，不知道该怎样帮助孩子，感到很为难。我在"天涯论坛"的"亲子中心"看到"安子静520"楼主的帖子，觉得她介绍的和孩子一起成长的绘画的时光很有趣，也充满爱的力量，这里主要介绍一下她和儿子的成长故事（文字内容有删改）：

儿子从小就活泼好动，似乎一刻也坐不住，做什么事情好像都只有三分钟的热度，一点都不积极。儿子三岁多的时候，我们专门给他买了涂色的书籍，想培养他的绘画能力。谁知道，最后这些书籍多半都被邻居家同龄的小女孩涂满了，

而儿子似乎更愿意在涂色本上瞎画几个来回，不外乎都是圈圈、线条和点点这些，到最后就干脆把涂色本扔到了一边，再也没有理会过。

我们的大院里有个小小的画室，附近的孩子们一有时间都喜欢到那里去接受绘画启蒙：看看颜料，摸摸彩色铅笔，欣赏欣赏别人的画等。儿子倒好，他就喜欢守在画室的门口看着哥哥姐姐们拿着画笔画来画去，而自己从来没有摸过画笔，更别提作画了。

当儿子确实到了该学习画画的年龄后，我就和儿子同龄的家长们相约，一起给孩子们报了一个口碑还不错的绘画班。最开始的时候，儿子带着强烈的好奇心和满腹的新鲜感每次都迫不及待地去上课，这种情况的改善让我觉得甚是欣慰。可是，上了两节课后，儿子就又坐不住了，他开始在课堂上不断地要求要上厕所，看来，他的三分钟热度又过了。后来，儿子再也受不了老师让他画这画那的要求了，授课的老师也受不了儿子的无理取闹，老师威胁儿子说："再动来动去，就罚站，站在最前面看大家画，不然，让妈妈和你一起站。"这样的训斥场面在教室里的几个男孩子的身上轮番上演。到了第四节课的时候，不管怎么说，孩子死活都不想再去学画画了，说画画没有想象中的那样高兴和快乐，带来的只是约束和没完没了的训斥。我们听了孩子的诉说之后，觉得应该尊重孩子的感受，就果断地选择了放弃绘画课程。就这样，儿子依旧在家里玩各种各样的实体的玩具，还是三分钟的热度，仍然对绘画不感兴趣。在这个时候，邻居家的小女孩已经能够自己拿起笔画一些有情景变化的画面了。

➷ 画好一幅画，才允许你不午休

既然孩子不喜欢画画，在试过很多办法都没有产生实际的、直接的成效后，很多家长都放弃了培养孩子作画的兴趣，但是这位家长并没有放弃，而是使用了奖惩制度来激励和鼓励孩子作画。没想到，这一奖惩制度为孩子后来喜欢画画儿埋下了伏笔，这一惩罚措施最后还变成了孩子最好的习惯。家长们，我们可以一边聆听这个小段落，一边向这位聪明的妈妈取取经：

转眼间，儿子五岁了。这个时候的儿子，精力特别旺盛，到中午的时候总是不想午休，只想着怎么怎么玩。看到孩子这么着急地想玩，我就给孩子提出了一个不大不小的要求："你要是不午休的话，就要坐在书桌前画一幅画，否则就得乖乖地上床睡觉。"儿子想了想，觉得这个交易还算公平划算，认为只要画一幅画就可以不睡觉，算是自己很乐意做的一件事了。好长时间的周末午后，儿子都会尽量坐下来完成一幅简简单单的画面。最初，他的画面里全是用曲线画出来的蜗牛，有蜗牛爸爸，有蜗牛妈妈，有蜗牛儿子，有蜗牛哥哥。有时候，他也会画一些棒棒糖，这些棒棒糖也是用曲线画成的。后来，我也试图教他画直线的小汽车，画直线的房子，但不管怎样教来教去，他还是喜欢用曲线填满画面。

↘ 当礼仪性赞赏变成羡慕的眼神

虽然这位妈妈作出了很多的努力，孩子依旧没有长进。但是，或许只是一句赞美就会给整个事情带来转机。成功学的创始人拿破仑·希尔回忆自己的童年时，曾经说过："当我是一个小孩的时候，我总被认为是一个应该下地狱的人。"最终，所有的一切因为他父亲的再婚改变了。当他的继母走进拿破仑的房间时，他的父亲说："这个就是拿破仑，希尔兄弟中最坏的一个。"可是他的继母并不这样认为，而是用温和的语调对拿破仑说："这个是最坏的孩子吗？肯定不是，而且他还是希尔兄弟中最伶俐的一个。我们应该做的，是把他的伶俐和智慧都激发出来。"继母就这样用深厚的母爱和始终坚持的信心造就了一个完全不一样的拿破仑。

"安子静520"这位妈妈也是如此，虽然知道孩子做得还远远不够，还差得很多，但是她愿意给孩子信心，不吝啬自己的赞美，最终使得孩子慢慢地爱上画画儿：

儿子幼儿园的班主任特别擅长绘画，她的课堂上几乎每天都有一个自由作画的时间。她总会很细心地把孩子们画的画都精心地收集起来，挂满整个教室。有

一次，我参观孩子们的画儿的时候，很偶然地看到了儿子混乱的画面以及总不在线内的色彩。儿子的画儿和那些女孩子的画儿还有那些认真的男孩子的画儿比起来，简直是格格不入。不过，老师既然愿意挂出来让人欣赏，我也不吝惜语言去赞美，说孩子的画儿又进步了，至少不完全是曲线了。当我们回到家的时候，儿子总是用带有自知之明的口气对我说："妈妈，我画成那个样子你还夸奖我啊？哦，简直是太难看了。"到了儿子上中班的时候，我给他报了一个幼儿园的绘画兴趣班，他每次把画带回家的时候，我们都愿意称赞他画的画又有了很大的进步，画面内容有趣生动，色彩的搭配也很美观，线条的处理比较柔和，并且第一时间将他的作品贴到了客厅的墙上。有一次，邻居的女孩子来我家串门，看到儿子画的画之后，实话实说："真难看！"

虽然我们也知道儿子的画儿画得确实不好，但是我们坚持着要把他在幼儿园完成的每一幅画都贴在墙壁上。每当我们家有客人来串门的时候，儿子都会很骄傲地介绍他的作品，儿子得到的往往都是一些礼仪性质的赞赏，这些赞赏都不是发自客人内心的。但是，幼小的儿子还不懂什么是礼仪性赞赏，很单纯地认为客人夸他，说明他真的画得不错。就这样，他慢慢喜欢上了画画，画满了家里的一个本子，又开始用另一个本子画。一年多过去了，墙上已经贴满了儿子的画。当邻居家的小女孩又一次到我家来串门，看到墙上儿子的画时，不由得大吃一惊，发自肺腑地说："你画得真好看！"

看到儿子越来越喜欢画画，画得也越来越好，我就为他准备了更大的纸张，每天提醒儿子可以将今天生活中比较有趣儿的事情画下来，并且定期将他的画品装订成一个本子，封面写上"儿子画日记"。儿子从最初的画蜗牛，变成画小人儿，变成画植物大战僵尸，变成画火箭，变成画舞蹈动作，画他参加的节日晚会……他总是迫不及待地将自己脑海中的小故事和小场景用画笔记录下来。到后来，儿子要求取消每天晚睡之前的睡前故事，变成了睡前画画。

↴ 提起画笔描述心中最美好的家

在这位妈妈的精心培育下，孩子由不喜欢画画儿到爱上画画儿，由三分钟热度到十二分的喜欢，于是他们的家里出现了一面漂亮的"彩虹墙"。

周末，带儿子去参加了一个小型的绘画比赛，比赛的主题是"家"。儿子拿着他每天画画儿都要用到的 A3 纸，不假思索地开始画他心目中的家。儿子笔下的家，并不是我们常常提笔就画的古式城堡和新型小房子，而是具体的构想：一开始就先画卫生间，接着是厨房，再然后是卧室。卫生间里有马桶，马桶的下水道直通地壳中的红色的岩浆，厨房里有各种各样的美食，都是他平时喜欢吃的披萨、冰激凌、蛋糕，还有小饼等。房子的阳台上有五颜六色的漂亮的气球，房子的外面有五彩树，有小喷泉，房子的屋顶上有着大大的绚丽的彩虹，天空中飘散着特别爱笑的白云，太阳公公闪着长睫毛的大眼睛看着小房子，小鸟被房间里的美食所诱惑，眼睛直勾勾地盯着大桶大桶的冰激凌。

和很多同龄孩子的画儿相比，儿子的画儿显得很普通，线条也很粗糙。但是我很欣赏他的画儿，他的画儿里充满故事。他一边画画儿，一边给我们讲解画儿的内容，讲出的故事比画面还要精彩一百倍，更可贵的是，他喜欢上画画儿了，他已经不害怕用画笔表现自己的情感了，他也能够一坐就是一个多小时了，不管我如何想方设法让他停下来休息会儿，他都舍不得离开呢。

看着儿子喜欢画画儿，我们心里都说不出来的高兴，于是家人建议我再去给他报画室的课程。但是儿子表示不同意，我也不同意这样做。我希望儿子自由地表达自己的小小世界，而不是被大人牵引着表达大人们眼中的小小世界，更不是坐在教室里和老师学着一笔一画的画一模一样的作品。儿子经常会时不时地拿出自己得到的绘画奖牌自我欣赏一番，虽然我知道那种评奖不足以傲，但是儿子愿意看就看吧，那是他自信心的起点，我只能去保护他的自信而不是破坏。

儿子已经学会自觉睡午觉了，但是他每日中午画画儿的习惯却很好地保留了

下来。每个孩子都与众不同，绘画的起点有早有晚，只要我们尊重他们的感受，尊重他们的成长阶段，如果想要让他们做的事情变成一件快乐的事情，我想没有什么事情是做不到的。

彩虹下的家还会继续，他的世界里一定还有更多的精彩和更多的色彩。

这位妈妈朴实的话语下面，藏着深深的母爱，当然，最美的还是和孩子一起成长的那段画画儿的时光。

孩子的成长条件和生理结构的不同，很多素养都是在慢慢培育的过程中逐渐得以形成的，家长应该充分尊重孩子的感受和成长阶段，不能按照自己的要求一味地让孩子去适应成人的条例，这是不科学的，也是行不通的。希望每位家长都能够像"安子静520"这位妈妈一样拥有足够的耐心和包容心，在尊重孩子的感受和成长阶段的基础上，和孩子一起健康、快乐地成长。

二、门后面的"邮局"和三个"邮筒"

↘ 女儿给爸爸的一张纸条便笺信

父母和孩子的沟通很重要，每个家庭都有着与众不同的沟通方式。在和孩子一起成长的时光里，刘称莲给我们分享了她和孩子一起成长的快乐与感动。下面的这段文字选自刘称莲的《陪孩子走过小学六年》：

女儿从小到大的许多东西我都不舍得扔掉，一直给她保存着。有一次，我在整理东西的时候，看到了一张很有意思的小纸片。那是女儿小时候画的一幅画，画上一个小女孩哭得非常伤心，框里的旁白是："为什么奶奶来了以后，你们就不管我了？"纸片的右下角写着："请爸爸速回信！"

我不禁哑然失笑，思绪回到了多年前……

女儿二年级的第一学期，她的奶奶来北京看病。我和先生突然一下子忙了起来，白天忙工作，晚上照顾奶奶，周六日也要带着奶奶去医院。这样一来，我们都顾不上女儿了。本来每周一次的家庭日活动也被迫取消了，每天晚上三个人一起的游戏时间也没有了。

一天晚上，先生很晚才从外面回来，看到了床头柜上放着女儿给他的一封"信"，也就是上文提到的那张小纸片。

↘ 我和爸爸认真地给女儿写回信

女儿给爸爸写信，这是多么新颖的表达方式啊！这个时候，家长应该如何与孩子沟通呢，我们来看看这两位家长的做法：

当时女儿已经入睡。先生心疼地看了看可爱的女儿，赶紧写了一封回信，给她解释了爸爸和妈妈最近冷落她的原因，并对她表示了歉意。写好后，放在了她的写字桌上。

从此，女儿有什么心思，又没有机会跟爸爸妈妈当面诉说的时候，就用这种传纸条的方式，而且几乎每次都会注明："速回信！"我们也每次都认真的写回信。

后来，先生提议：我们不妨在家里建立一个"邮局"，设立三个"邮筒"，大家可以互相写信，写给谁的就投到谁的"邮筒"里。

家长的心思也很细腻，他们一方面照顾到了女儿的秘密，一方面也保证了沟通的顺利进行。

↘ 筹备设置"邮局"、"邮筒"、"BBS"

于是，我把一个有三个口袋的挂袋挂在了门上，这三个口袋的外面由女儿画上头像并分别写上我们三个人的名字。

很长一段时间，我家的"邮局"业务非常繁忙，我几乎每个星期都可以收到来自女儿的信，有时甚至一星期可以收到两三封。起初，女儿因为用文字表达不到位，多半时候都用图画代替，那些可爱的小图片，到现在想起来都让我觉得温馨无比……

看过一篇关于作家秦文君的文章，文中就提到秦文君和女儿也采用写信的方式进行沟通。这种沟通方式用于实现亲子关系的和谐效果非常神奇。刚开始是女儿先给我们写信，我们回信，后来我们也会主动写给女儿，告诉女儿我们对某些事情的看法等，甚至我们把看到的好文章或者笑话也会剪辑下来放进女儿的"邮筒"。尤其是在孩子有情绪的时候，我们用这种方式把自己的想法提出来，一般不会伤害孩子的自尊，而且我们把自己的想法和情绪转化成文字写出来，自己也会理智、平和得多。因此，女儿总是读信写信，好几年都乐此不疲。

几年下来，女儿写给我们的信从图画变成了文字，这些文字越写越长，有的分明就是一篇很好的文章。看样子，家长和孩子之间互相写信，不仅加强了亲子互动，也锻炼了孩子的文字表达能力，实在是一举两得的好事情。

我家除了这个"邮筒"之外，还有一个不错的利用文字的沟通方式。女儿五年级的时候，我们准备了一个笔记本，并命名为"家庭日记本"，在这个日记本上，每个人都可以随意写下家里发生的事情和自己的看法，别人也可以在后面写评论。那个时候，网络上流行所谓的"火星文"，调皮的女儿的留言里经常满篇的网络符号，让我和她爸爸往往莫名其妙又忍俊不禁。

这个本子好比我家的"BBS"，记下了当时家里发生的许多好人好事。比如一次我病了，让女儿给我拿药，她不仅给我拿了药，还把放药的抽屉收拾得整整齐齐。第二天我便在"BBS"上大书特书这件事情，先生也在"跟帖"中对女儿表示了欣赏和赞扬。相信女儿翻看的时候，一定会对爸爸妈妈的表扬有感觉，在别的事情上也会表现得更好。

在这个"BBS"上，也可以看到一些"大事"的讨论。比如，楼主爸爸写了给女儿讲数学题的一些感受，指出女儿的长处和存在的不足，女儿在回帖中也会谈及自己学习中的一些疑惑和对爸爸的看法。临了还不忘记幽他爸爸一默："别忘了通向公司的路哦。"原来爸爸在给女儿讲课的时候，把"通项公式"写成了"通向公司"，从此女儿常拿这个开爸爸的玩笑。

这个"BBS"大约存在了两年。和"邮筒"比起来，我更喜欢这个"BBS"，因为更加开放，大家的所思所想可以展现在一页纸上。而且这样的本子便于保存，过一段时间以后，大家一起互相翻翻，感觉很温暖。一直到现在，我和先生过一段时间都会拿出这个本子来看看，每当看到这些，孩子小时候的事情就会历历在目，不能不说是一种享受。

到了中学以后，女儿就不太爱参与诸如"邮筒"、"BBS"这样的"雕虫小技"了，开始把日记本藏起来，不让我们了解她心里的想法了。但是，她还是愿意时不时地给爸爸或者妈妈写信，提出她的要求。她在我们这里受到了不公正的待遇，也会写长信摆事实讲道理来达到说服我们的目的。这招非常灵验，每次女儿的长信过来以后，矛盾很快就会化解。

↘ 我们是一家人，相亲着也相爱着

沟通是化解矛盾的最好方法。关于这一点，刘称莲根据自己孩子的情况，给出了如下建议：

我感觉，在亲子关系里，父母和孩子沟通无论采用什么样的方式，重要的都不是形式而是要有最终的效果。我家的文字交流，也是在面对面交流不畅的情况下才会采用。不过，从家庭和谐方面来讲，这种方式确实避免了许多正面冲突，同时还提高了女儿的写作能力。

随着孩子的不断成长，他的内心需求也会随之发生变化，这要求家长也要跟着成长，变换自己和孩子互动的方式，否则便会引发新的冲突。我就亲眼看到一个上初中的女孩对妈妈说："你当我还是三岁的小女孩呢！"而那位妈妈则告诉我，其实在孩子这么多年的成长历程中，她一直是这么跟孩子说话的，原来女儿听得好好的，如今则行不通了。所以说，家长这个岗位是需要不断学习不断进步的。如今，我的女儿要上大学了，我还时常感觉：家庭教育之路，"任重而道远"。

刘称莲认为，"小学是孩子成长的重要起点，这六年决定和影响了人生后面的六十年"，在这前十年的时光里，我们陪孩子成长，孩子让我们充沛，这真的是不能复制的最美好的成长时光。当与孩子发生冲突或是产生矛盾的时候，各位家长不妨学习一下刘称莲的做法，通过文字表达让我们这个小家庭既相亲着，也相爱着。

三、深沉厚重的父爱，亲如兄弟

↘ 父亲和母亲一起构建温馨家庭

调查发现，很多爸爸都不愿意为孩子付出过多的精力和时间，父亲的价值被埋没。在中国的家庭教育中，孩子们对爸爸的印象通常很模糊，早晨还没起床的时候，爸爸已经收拾东西上班走了，晚上睡觉前爸爸还在外面应酬，甚至连周末的时间也常常被各种出差和加班甚至是应酬占据，在学校的各类活动中，也很少见到爸爸的影子，通常都是妈妈陪着孩子到学校开家长会、参加学校组织的各种活动。实际上，在家庭教育中，妈妈的角色固然十分重要，但爸爸也不能缺席，也应该承担起父亲的角色，和妈妈一样陪伴孩子健康、快乐地成长。

下面这段文字出自杨文《和儿子一起成长》中的"父亲说自己做了三件事"，通过阅读这则小故事希望可以给爸爸们一些启发，家长也可以对父亲这一角色有更为直观的了解：

我在一些关于养育儿子方面的书中看到，一个父亲如果在儿子小时候付出更多的心血，在以后的时光里，就会收获更多。

这种收获不仅仅是良好的亲情关系的建立，更重要的是，儿子在五岁以后，心里会有一种力量，使他渴望离开母亲的世界，走向父亲的世界。从父亲身上，他会知道男人的身体，朦胧中体验到男人的精神，学会用男人的行为方式去处理和他人的关系，他的性别角色，就会和社会的要求比较吻合。

有些男孩子到了青春期，跟父母的关系变得非常"敌对"，但夏杨与我们一直保持着坦诚、互相尊重的默契。从他小时候开始，我们经常进行周末清晨的"床上卧谈"。星期天都不上班了，夏杨会跳到我们的大床上，躺在爸爸妈妈中间。聊一聊，谈谈心，商量一些问题的解决办法，互相说说心里话，包括我们对夏杨的"教育"，甚至"批评"，也是在这样的氛围里进行的。

现在夏杨放假回家，有时候周末的早晨，也还习惯性地跳到我们的大床上，只是他一米八的大个，躺在我们中间，显得有些拥挤了。

从培养夏杨的经历中，杨文得到这样一个认识："父母人格和心理的健康对孩子有着至关的影响，营造一个温馨的、和谐的、融洽的家庭气氛，也是孩子教育过程中一个很重要的因素。一个充满着责备、埋怨、争吵的家庭，肯定无法给予孩子良好的教育。"

↘ 父亲应该和儿子度过足够的时间

近年来，著名导演李安的"父亲三部曲"(《喜宴》、《推手》、《饮食男女》)中，主演郎雄先生所扮演的父亲的角色深入人心，非常贴合中国现实生活中的父亲的角色，他们大多含蓄、厚重、不善表达、感情不外露，然而对于孩子的爱却是沉甸甸的，一点也不亚于母亲，但是总给人一种难以接近和难以深入谈心的距离感。在现代社会中，对于子女的教养问题而言，这种荧屏上充满距离感的父亲形象是要不得的。

不仅仅是在中国，世界各地都普遍出现了"缺席的父亲和焦躁的母亲"这一严重的家庭问题，有越来越多的父亲感觉到自己似乎被排除在了家庭之外，而母亲则喜欢天天和孩子黏糊在一起，现在很多父亲也正在为防止父亲缺席的现象作出积极的努力。社会学家认为，父亲不仅仅是家庭中承担"养家糊口"的重要成员和顶梁柱，更是家庭生活中的重要角色。父爱在孩子的品格培养、智力发展、社会心理等性格的塑造方面都起着关键的作用。

夏杨的父亲就是一个合格的父亲，愿意花时间和孩子共同相处的父亲：

如果说母亲是孩子的港湾，那父亲就是孩子远航的领航人。

夏杨的爸爸经常和夏杨一起讨论政治、军事和体育，这是我陌生的话题。但他们爷儿俩在一起，就像两个好朋友一样聊得那样起劲儿和开心。

有时候，我看着他们，想：这就是男人之间的语言吧？

西方有一位作家，曾经采访了接近一万个男性，询问他们与父亲的关系，结果，几乎百分之九十以上的人，说自己与父亲的关系似乎很疏远，沟通起来比较困难，甚至无话可说。

有一些人说："男孩儿就是亲母亲，远父亲。"我不这样认为。有一个十四岁的女孩说："大人问孩子的一个最愚蠢的问题，就是：'爸爸亲，还是妈妈亲啊？'"

孩子说得很有道理，血缘亲情，哪有远近？孩子对父母的态度，实际上是父母对孩子态度的一面镜子。

不是父亲的角色，决定了与儿子感情的疏远，而是父亲在儿子成长中的"缺席"，导致了父子情感交流的障碍。五岁以后的男孩子渴望从对母亲的依恋情感中，走到父亲的世界中——那个他一直仰望的成年男性的世界。他渴望和父亲更多地待在一起，这是一种看不见的心理力量，这种心理力量随着青春期的来临，会越来越强烈。

如果父亲在儿子生命的关键期，没有积极介入儿子成长的过程，那他和儿子之间就不容易形成心灵的默契。等到青春期或者儿子有了麻烦，再去管束教育，父亲就处在了一个影响力很小的位置上，而且很容易与儿子发生冲突。

所以，在儿子成长的关键期，父亲应该与儿子一起度过足够的时间。对儿子教育的积极介入，将有助于儿子成长为一个更强壮、更健康的男孩。

夏杨在和爸爸平等的友谊中，获得了一种内在的力量。那是只有父亲才能给予的。

↘ 父亲说只为儿子做了三件事

新浪育儿频道的著名博主王人平曾就中国爸爸的"缺席"问题发过这样一条微博："第一次当选总统时，奥巴马说竞选中有一件事他很自豪，在长达 21 个月的选战中，他没有错过一次孩子的家长会。几天前听米歇尔演说，她谈到做总统的丈夫，至今仍每晚和女儿一起吃晚餐，耐心回答她们的问题，为她们在学校交朋友的事儿出谋划策。想想身边那些天天嚷着没时间陪孩子的父亲，比奥巴马忙很多吗？"这条微博一经发布就引起无数网友的热议。

的确，一个父亲如果总是以时间有限、工作太忙为借口来搪塞孩子，这种行为既是对自己的不负责任，更是对孩子的不负责任。希望每位家长尤其是爸爸能够好好反思一下自己，多抽出点时间来陪陪家人和孩子。

夏杨的爸爸认为自己在教育孩子方面做得并不出色，但是他却是最成功的，他对孩子的关心是无微不至的，和孩子聊天是无话不谈的，亲密得就像是兄弟一样：

曾经有朋友和夏杨的爸爸开玩笑："人家夏杨的英语好，是妈妈教的；人家杨文有一套教子理论，你这个爸爸都做了什么？"

夏杨的爸爸说："我只对夏杨做了三件事：（培养他）乐观幽默的性格，不懈的人生追求，对外部世界的向往和探究精神。"

其实，在儿子的成长中，夏杨的爸爸付出的，又怎会是这简单的三句话所能概括的？

夏杨刚出生时，夏杨的爸爸工作不是很忙，按时上下班。夏杨所有的尿布几乎都是他抢着洗的，让我腾出时间专门照料孩子。他不像有些男士，觉得洗尿布不好意思。下班后，他端着大盆的尿布，唱着歌，去院子里的水池冲洗，洗完了把尿布晾晒在阳光下。要知道，我们当时就住在地区行署的家属院里，到处都是他的同事和领导，但他说："洗尿布是体力活，爸爸有时间，洗洗尿布不很正常吗？"

那一幕幕情景，至今历历在目。当年，夏杨的爸爸编的十二本书，就是他这个做父亲的，经常把要求"和爸爸一起编书"的夏杨扛在肩上完成的。

夏杨一岁多时，我到外地进修，孩子正好要断奶，天天晚上找妈妈，他爸爸半夜抱着他，假装下楼找妈妈，找着找着儿子睡着了，回家一放到床上又醒了，又要下楼找，一遍、两遍、三遍……直到再也没有力气上下楼。早年育儿的辛苦，有他那么多的分担，我才能够腾出时间看许许多多的教子书，才有可能不断地去进修学习，探索幼儿英语教学法。

我去上海学习半年，孩子很小，都是他一个人带着。

我记得我们一起从德州上火车，他带着夏杨去济南，中途下车了。我一个人坐在去上海的火车上，自己一直流泪，有对孩子的不舍，还有对他一个人带孩子的挂念。

其实我知道，他会受累，但他会用他的方式给夏杨更多的东西。

我去英国留学的时候，夏杨就住在我妈妈家里。那一年，夏杨的爸爸也在外进修。只要有时间，他就尽量回来陪孩子。他当时已经收到了来自英国的邀请函，去研究二战史。但他考虑到，我不在家，孩子渴望父亲在身边，并且他已经答应了夏杨，要在暑假带他出去旅游，他不能对孩子违背自己的诺言，于是他放弃了去英国的机会，暑假一个人带着孩子去旅游了。

这是他从小对夏杨的示范教育——一个人的承诺不能随意失信。从小到大，他对夏杨总是言出必行，一诺千金。如果说我对夏杨的教育，是更细腻的生活中的随机教育，那夏杨的爸爸对夏杨的爱和教育，就是在和他的嬉戏、玩耍中，形成了一种有效规则。

所以，夏杨在青春期，不但没有任何的逆反，反而更容易听进他爸爸的一些建议和意见，能够像朋友一样交流和沟通。因为在岁月中，他们之间早已经建立了一种牢固的心灵联结。

一个父亲和儿子的平等的关系，当然不会仅仅体现在孩子能够直呼父名，父亲拍拍孩子的肩膀。夏杨的爸爸不会对夏杨用命令的口气说话，总是像朋友一样平等地交流问题，一块儿探讨对夏杨重要的、关系到他发展前途的一些问题。

↘ 互补的意义，父亲作用于大智慧

每年 6 月的第三个星期日是父亲节，这个节日在不少西方国家都有将近百年的历史。在这一天，很多子女都会为操劳和辛苦了一年的父亲致以节日的问候和祝福，就连美国的前总统布什都要专门给自己的父亲过节。父亲，是每个孩子成长中不可或缺的角色，与妈妈的细腻温婉不同，他往往能够给孩子一直超越家庭范围的更为广阔的社会竞争意识和品格塑造，就像杨文老师说的"在小智慧上母亲的作用大，大智慧上父亲的作用大"。

夏杨的爸爸在教育夏杨的时候，很注意开阔孩子的视野，不把孩子设定在一个小圈圈里，而是给孩子以人生的追求和理想目标的动力，支持孩子选择自己想要的，向着心目中的目标更近一步：

2006 年暑假，夏杨同时收到剑桥博士和银行年薪百万的录取通知时，他的爸爸很自豪地拍着夏杨的肩膀，说："爷们儿，你还真行！"但同时也给出了自己的建议："读博士是一辈子的事，你到世界顶级实验室看一看，怎么搞科学研究，学习人家老师忘我的科学精神，这是人生难得的一种经历。"

我认为，在小智慧上母亲的作用大，大智慧上父亲的作用大，两者不可缺少。在对夏杨的教育上，我和他爸爸保持了互补的。

所谓"互补"，是说扮演的角色是互补的，我就是妈妈，比较细心。耐心地面对孩子，他就是爸爸，就很客观、幽默、开朗，在日常生活中带着孩子探究新事物，做一些小男孩喜欢做的事情。

我们有分工，但配合很默契，基本上没有在孩子面前有过教育观念方面的冲突。当孩子大了以后，我们会有三个不同的意见，谁说了算呢？当然是谁说得有道理，就谁说了算。当我和他爸爸说法不一致的时候，夏杨会充当裁判的角色，在讨论甚至是辩论中，寻求正确的答案。

我们英才学院的校训是"自强不息，与时俱进"，夏杨的爸爸相信这种精神对夏杨也会有影响。他对夏杨说得最多的一句话就是："不管遇到什么事情，一定要坚强。没有过不去的火焰山。"

他用他那双温暖的手，带着力量和刚强，领着夏杨经历了一个稚气男孩向成熟男性的转变。

↘ 完整的人生，需要厚重的父爱

一位好父亲胜过一百位校长，一位好妈妈胜过一百位老师。我们经常可以听到一些父亲说："工作太忙，时间太少"、"应酬太多"、"做生意要紧"、"多赚些钱给孩子，就少些时间陪孩子"，再加上中国自古以来"男主外，女主内"的根深蒂固的思想，很多父亲都把养育孩子的责任推到了母亲的身上，顾不上管孩子，实际上这种做法是不对的。孩子的世界不能只有妈妈，爸爸也应该教会孩子一些品格，比如勇敢、坚强、自信……

一个孩子完整的人生当中，怎么能够缺少父亲那份厚重的爱呢？

即使后来在创办民办高校的过程中，工作的压力越来越大，夏杨的爸爸还是一次不落地坚持去参加儿子的家长会。他说："既是对儿子在校情况的了解，也是对人家老师的尊重。"

现在，万里相隔，夏杨的爸爸还经常和夏杨手机短信往来，夏杨也会像对朋友一样地叮嘱他："注意休息，别累着！"

我曾经接受一个电视直播节目的采访，主持人问我："你理想中的另一半是什么样子？"我说："他很上进，又很温和，对孩子好，又对我很理解，总能给身边的人带来快乐……"还没说完，主持人就说："我怎么听你说的就是你们家夏院长？"

我开玩笑说："这么多年正因为我对他的印象没有变，所以至今我们还没分手。"观众笑了，我也笑了。

四、生活大课堂，每一种经历都是财富

↘ 上海遇骗记，小小事情大大收获

生活是绚烂多彩的课堂，每一种经历都是一笔宝贵的财富。生活中有阳光和美好，也有阴暗和邪恶。如果说人生是一本厚厚的书，那么每一种经历都是书中的一段精彩的故事或者篇章。对于孩子来讲，每一种经历都能让孩子记忆犹新，可以为孩子未来人生道路上扫清一些障碍，增加一双慧眼。

随着多媒体技术的迅速发展，报纸、电视等都会随时插播重要的民生新闻，不时会看到一些关于少年儿童上当受骗的故事，真的很令家长父母伤心和害怕。为了防止类似事件发生，家长们平时可以和孩子一起读读报纸，看看最近的新闻，给孩子讲解有关安全教育的知识，让孩子出门在外时一定要有提防心理。尹建莉《好妈妈胜过好老师》一书介绍了自己和女儿圆圆的故事，可供家长们参考：

生活真是最好的教材，圆圆八岁时，我带她去上海玩，"有幸"见识了两个骗子，这给圆圆上了很好的一课。

我们来回都是火车。去的时候，对面卧铺是一个看起来体面的中年男子，他操着上海普通话，很客气地和周围几个人攀谈起来。他说他是上海某单位的办公室主任，对上海很熟。当时我们没预订旅馆，上海也没有认识的人，准备下车找旅馆，我就顺便向这个人打听一下住在什么地方交通方便，且能找到价格合适的旅馆。他就给我说了一个旅馆名，说干净又便宜。我问他怎么走，他说正好和他走的方向一致，下车后可以打同一辆车，他把我们带过去。

我虽然心里微微有一丝担心，但看着人不像坏人，而且觉得大白天的，即使他是坏人也没什么好怕的；而对于各种骗术，我也有提防。所以就向他表示感谢，同时想人家应该就是单纯地想帮助你，自己不该随便怀疑别人。

下火车后，在出租车等候点上了一辆出租车，他告诉司机去什么地方，我没听清。汽车走进闹市，越来越繁华，我也就越来越放心了。大约半小时后，他说他到了，要先下车。车一停下来，他推开门就下车，没有再嘱咐司机往什么地方开。我赶快问他，接下来我去那个旅馆该怎么走，他用手随便往前面一指说，"再走没多远就到了。"我还想再问得明白些，他已赶快关了车门，头也不回地匆匆走了。司机问我去哪里，我告诉他那个旅馆名，司机说没听过，他对这一带挺熟悉的，前面没有那人说的旅馆。于是我明白了，我遇到个蹭车的。

圆圆开始没明白怎么回事，这里明明没有那个旅馆，那人为什么要说有呢。到我们终于又七弯八拐地找到一个合适的旅馆住下后，她终于明白了，问我那个人是不是瞎编个旅馆名，只是想白坐车。我笑笑说：你猜对了。

然后我和圆圆讨论了一下这件事，觉得这件事本身也没什么大不了的，但设想了一下这里面存在什么样更大的风险，以后出门如何防范这种盲目带来的损失等。

我当时有些气愤，说了句"难怪人们说上海人精明"，突然发现自己太极端了，我这样说，不仅让圆圆产生"上海人不好，上海人都很不像话"的印象，也影响她对这个城市的亲近感，在接下来的几天中，这种情绪恐怕会影响她的游玩。

于是我又说，哦，精明其实是个褒义词，真正精明的人是要用他的聪明做好事，做大事。你看上海这么繁华，就是因为这里有很多人把精明用在正道上，用在做正事上。这个人的行为只能叫小聪明，一辈子也就这点出息了。全国哪里都有这种耍小聪明的人，他们永远不可能成为一个地区的代表。上海也肯定好人多，你看那出租车师傅就很好是不是，这旅馆里的人也很好。

圆圆听我这样说，对这件事也就释然了。我想，这件事我们一点损失也没有，还有收获。

↘ 火车站小故事，为成长加一味佐料

"吃一堑，长一智。"当和孩子一起上当受骗的时候，不能因此挫伤孩子对社会、对世界的美好憧憬，不能让孩子对整个社会产生恐惧感和绝望感。尹建莉说："虽然我们一直致力于让孩子感受世界是美好的，周围的人是可爱的；但我们也不失时机地把生活的另一面适当呈现给孩子，让她知道世界上也有贪婪、谎言、暴行等阴暗面。"孩子的每一种经历都是一味佐料，有时候是酸的，有时候是甜的，有时候是辣的，甚至有时候是苦的，不管是孩子亲身经历也好，还是从别人的经历那儿获得的感知，对孩子来讲都是有用的，都能让孩子获得一定的生活常识。特别是当给孩子讲述被骗的故事的时候，要抓住时机对孩子进行有效的安全教育，让孩子知道当发生危险的时候，要懂得保护自己。

在上海的一周，圆圆玩得非常高兴。走之前我们一起去火车站买车票，又遇到一件事，又上一课。

我们正在通往车站广场的一条路上走着，一个小伙子从我们身边匆匆走过，急忙赶路的样子。他从后面裤兜里取什么东西，带出一个钱包来，掉在地上，但他并没发现，还在往前赶路。我和圆圆赶快冲那个小伙子喊，他没有听见，还在不回头地往前走。圆圆看喊不住那小伙子，下意识地要弯腰捡起钱包追过去，我脑袋里一闪念，一下拉住她。钱包看起来厚厚的，落地的声音应该挺大，而且我们这样高声地喊他，他不可能听不到——但是，也许他真的不知道——我拉着圆圆赶快追上他，告诉他钱包掉了，我们指指后面十多米处地上的钱包。他这才站住，看我们一眼，有仇似的，什么也没说，返回去拿上钱包，径直往马路对面去了。

圆圆被他搞懵了，不明白他为什么连谢谢也不说，还那样的表情。我告诉圆圆，这是个真正的骗子。然后和她一起回忆我们曾在报纸上看到过的各种骗术，有的和这个类似。骗子用一只钱包做诱饵，设一个圈套，等你捡了钱包，他就会用已设计好的方法，要么骗你一笔钱，要么敲诈你一笔钱。我们总结，各种骗局尽管形式不同，但万变不离其宗，那就是利用人的贪欲。

以前我给圆圆讲防骗都是纸上谈兵，通过这次见识，她是真正有些防骗经验了。我问她以后再遇到别人掉了东西怎么办。圆圆说那也不能不管，说不定有的人是真的丢了东西，还是要提醒他，但不能自己亲手去拿那个东西。我夸她说得对。

我一直担心圆圆以前没见过真骗子，会把骗子脸谱化，真遇到了也没有防范心。现在正好，这两人外表看起来都没问题。所以我问她，开始看到这两个人时，有没有觉得他们是骗子。圆圆说没有。我对她说，没有一个骗子或坏蛋是有标志的，他们和常人一样，甚至有时让人觉得他是好人，所以，在不知底细的情况下，心里还是要对一些人和事有防范心理。

上海之行的这两件事虽然都不是什么好事，但它与那几天参观游览的自然博物馆、古埃及文明展、金茂大厦、外滩等一样，都成为我们此次旅游值得记忆的内容，丰富了我们的旅行，我想它们对圆圆尤其重要。

➘ 小小的警觉心，让生活恢复阳光和美好

当孩子的经历和经验慢慢充足起来的时候，应当适当放手，给孩子一定的主动权，让孩子作出选择，这时候家长要陪同孩子，观察孩子的行为以及心态、表情，进一步了解孩子的思想情况，适时对孩子作出安全教育。

从上海回来不久发生的一件事，让我想起来又害怕又庆幸。很欣赏圆圆的悟性，也非常感激她的敏感。我想也许是上海之行真的让她学到东西了。

那天是周六，我像平时的周末一样，带着她乘一个小时的车到二胡老师家学习。学完出来后，我们都想去厕所，就如往常一样朝路过的一家宾馆走去。

那家宾馆不太大，我们以前也去过几次它的卫生间。宾馆生意总是不错，常人来人往的。它一楼大堂虽然不小，却没有卫生间，公共卫生间在二楼，所以我们每次去都需要跑到二楼。那个卫生间有些偏僻，但灯光很好，也挺干净。

这一天，我们走到宾馆大门口时，就觉得和平时不太一样，大门关着，里

面黑黑的。推门进去，整个大堂很暗，没有灯，而且空无一人。我们惊讶地向四周看去，不知这里怎么了。再向各个方向看一遍时，才注意到角落里的沙发上坐着一个人，他正眼神冷漠地盯着我们。我奇怪地问他这里怎么了，他说"准备装修，不营业了"。我说我们不是来住宿，是想上趟卫生间。他冷冷地看我们一眼，然后用手向上一指说"在上面呢"。看样子这人是在这里看门，我向他道过谢后，领着圆圆往二楼走去。

整座楼静悄悄的，楼梯也没有灯，很暗。我们刚踏上两步台阶，圆圆忽然拉住我说，妈妈别上去，咱们快离开这里！她这低低的一句话，一下点中了我心底的不安，我心里抖了一下，瞬间冒出一身冷汗，转身拉着她就往外走。我看那个人站起来在看我们，我对他微笑一下，边走边指着大门说："她爸爸在门口等着，他可能也想上厕所。"

顾不上看那人什么反应，我拉着圆圆快速地往门口走，尽量把步态放平稳。当我们终于跨出那个大门时，我们才感到安全。

什么事也没发生，也许我们去了卫生间也什么事没有。但确实是太冒险了。即使过了很长时间，我每每想到这件事，总是忍不住有些心惊胆战，而且非常自责，不知自己当时为什么那么糊涂。同时也万分感谢我的宝贝小圆圆，一个只有8岁的孩子，居然有那样一份警觉，我从心底佩服她。

↘ 了解防骗小对策，让孩子安心出门

目前，花样百出的拐骗少年儿童的事件频频发生，这些都是家长防范工作不到位以及孩子自我保护意识薄弱的表现。特别是在火车站、汽车站、十字路口、公共场所等地方，家长一定要看好自己的孩子，以免孩子上当受骗，甚至走失。那么，家长们应该怎样预防这一情况的出现呢？

第一，带孩子外出的时候，要确保不让孩子离开自己的视线。一般情况下，孩子走失的原因都是脱离了家长的视线，进而受到骗子的诱惑而使其得逞。家长一定要注意，在人多的时候，千万不要让孩子离开自己的视线。当家长到超市购

物的时候，可以用带子将孩子的衣服牢牢系在手推车上。到餐馆就餐时，注意提醒和告诫孩子不要随便乱跑；到大街上的时候，告诉孩子不要接受别人给的零食和饮料。

第二，出现紧急情况时，千万不能把孩子交给陌生人看管，即使只需要几分钟的时间，也不能这样做。曾经在新闻上看到一则报道，说是一位妈妈带着孩子在逛商场，忽然妈妈发现手边的钱包被小偷给偷走了，紧急之下，她将孩子托付给商场的一位女士看管，自己忙着去追小偷。仅仅五分钟的时间，当妈妈赶回来的时候，就发现自己的孩子不见了踪影，顿时痛哭流涕，后悔不已。家长们一定要记住当自己无暇照看孩子的时候，可以将孩子托付给可以信赖的亲朋好友代为看管，不要轻易相信任何主动亲近孩子的陌生人，包括老乡和新认识的朋友等。

第三，外出的时候，要留意周遭环境，尽量不带孩子到人烟稀少的地方。人烟稀少的地方最适于骗子行骗，家长带孩子出去的时候一定要查清楚所去目的地的情况，最好能够熟悉地形，以免孩子上当受骗。

第四，教会孩子提高防范意识，对孩子进行安全教育。可以教会孩子记住家庭的电话号码、地址和父母的工作单位等信息，教会孩子辨认警察、军人、保安等穿制服的人员，告诉孩子一旦发生特殊情况，可以率先向这些人员请求帮助，并教会孩子学会拨打报警电话。必要的时候，家长也可以和孩子一起多做特殊场景的模拟训练。

五、下午茶时间，儿子收获一生的朋友

❯ 拿出足球，交代儿子和伙伴玩耍

很多家长觉得，和孩子一起玩耍是一件无聊、没有意义的事情，既占用自己的宝贵时间，当遇到矛盾和冲突的时候，还不能增进亲子之间的感情，反而会带来沟通上的各种障碍。实际上，和孩子一起玩耍，你会了解孩子身上的很多东西，同时也会更加了解你自己，更重要的是，你会向孩子传达这样一种信息："你值得我花时间陪你玩，你是我生命中最重要的组成部分，你是我的骄傲。"和孩子一起玩耍，并不是一件无聊的事情。对于孩子来说，游戏不仅仅是游戏，他还可以从中学到很多东西。家长在和孩子一起做游戏的时候，也可以尝试着对孩子进行基础知识和基本技能、道德品行等方面的教育。

"天涯论坛"的"亲子中心"中，"安子静520"楼主的帖子就讲述了一件玩耍中的智慧（文字内容有删改）：

周末的下午茶时间，儿子照例和院子里大大小小的孩子们一起玩耍。其中，比较大一点的孩子已经上小学二三年级了，年龄小一点的孩子有上中班的，也有上小班的。看着一群孩子们在院子里呆坐着，一副无所事事的样子，我就想着找个什么小玩具，让孩子们在一起多玩耍玩耍。于是，我给他们拿出来一个足球，嘱咐他们要一起玩耍，不准嬉闹打骂。

刚开始，他们都很守规矩，虽然和足球比赛的规则有些不一致，但是看起来小家伙们做得还不错的样子。我发现，儿子虽然不是年龄最大的，但是接球、传球都还很有一套，这大概是平常喜欢玩足球的原因吧。刚开始，孩子们传球、进球的速度很慢，大家都小心翼翼的，慢慢地，大大小小的孩子们流露出笑容，随着传球的速度越来越快，孩子们渐渐进入最佳的运动状态。

陪着孩子们在院子里玩了一会儿，看到他们都很乖，我也就放心地骑着自行车锻炼去了。说是锻炼，其实也不过是围绕着小区的大院子转上几圈而已。但是，每转一圈我都能欣赏到孩子们玩耍的不同镜头，就像是中国园林的造林艺术似的，一步一景，一景一味。

↘ 儿子一直在伙伴周围，不敢近前

当孩子和一群小朋友一起玩耍的时候，家长可以对孩子们各自的表现进行观察分析，有的孩子能够占据领导位置，他的话通常能够得到其他孩子的支持和赞同；有的孩子没有主见，他从来不发表自己的意见，总是附和别人的想法和建议；有的孩子不喜欢说话，但是有很强的耐心和抗挫折能力，他可以一直参与玩耍的整个过程；有的孩子喜欢大声讲话，当别人和自己冲突的时候，总是大声喊出来以发泄；有的孩子爱抱怨，总是说都是谁谁谁的不对；有的孩子喜欢在不知不觉中退场……

当我骑着自行车转了一圈正好到孩子们玩足球的时候，我瞅见孩子们正聚在一起商量组队的方式呢。难道小家伙们还把之前的踢球看成是热身？想到这儿，我不由得会心一笑，心想："小家伙们还真够可以的。"第二次转到院子里的时候，孩子们中间爆发出一阵欢呼声，扭头望去，原来是一个大孩子踢进了球门，正在手舞足蹈地大声欢叫呢，这时候，几个落寞的小孩子一脸的忧郁。到第三圈的时候，我发现有几个小孩子因为没有进球，开始生气得哭了起来。到第四圈的时候，一个小孩子进了球，他们那个组的孩子们一起为他祝贺和欢呼……若干圈后，发现儿子竟然不在足球的队伍里了。我四处望去，却发现他一个人静静地在不远的

地方坐着。我就佯装不知道这件事，继续骑车。又一圈后，我发现儿子还是一个人寂寞地溜达，我就悄悄问了个大孩子，他告诉我："他好像生气了，不想玩了。"我听了之后，觉得很纳闷，因为儿子从小就很喜欢玩耍，特别是喜欢玩足球，怎么会突然不想玩了呢？我觉得，他一定是有了误解或者不快。但是我仍然决定暂时不搭理这件事，有时候无为胜似有为，也许儿子能在这段时间里自己领悟出来什么大道理呢。

↘ 收获从小玩到大的最要好的朋友

很多朋友都是在无数次碰撞、摩擦中产生的，历经艰苦和挫折的朋友往往更长久。朋友之间不可能没有摩擦和冲突，在谈论问题的时候，出现不一致的看法和观点是很正常的，这个时候要善于聆听别人的意见和建议；要善于站在对方的角度考虑问题；要给予朋友适当的关心和爱护；要善待朋友；要珍惜和朋友之间来之不易的友谊……

性格是天生的，但性格也是可以加以适当调整的。儿子敏感，儿子热情，儿子急躁，但是无论如何家长不能急躁，而要耐心地与孩子沟通和交流，及时进行心理疏导。偶尔一个小办法，可能就扶正了这棵小树苗刚要长歪的枝丫。儿子可能已经忘掉了我的"交友小秘诀"，明天可能依然会因为一丁点小事情觉得委屈，显出怨恨，但只要家长们坚持传达，也许有一天他会拥有自己更多的"小秘诀"。

朋友是一生最大的财富之一，是人前进道路上不可缺失的动力源之一，我的"小秘诀"终究会被他越来越多的生活经历所掩埋，甚至颠覆。但还是希望，这个"小秘诀"能够帮助他在成长的道路上收获更多的友谊，收获更多的快乐！

人人都需要友谊，没有人能够独自在人生的海洋中航行。我们需要别人的帮助，同时也及时给予别人帮助。有一首歌唱的好："朋友多了路好走……"几乎无法想象，如果在这个世界上没有朋友，我们的生活应该乱成什么样。所以，家长们适时地对孩子做些沟通、交流以及人际关系的疏导，都是很重要的。